CGで大解剖！
戦国の城

戦国時代の日本には約5万もの城があった。
しかし、現在そのほとんどは失われて久しい。
本書は、武将たちの魂の結晶である城の、
かつての姿をCGによって再現したものである。

CGで大解剖！
戦国の城 目次

加藤清正

最期まで豊臣家を案じた

加藤清正は1562（永禄5）年生まれ、尾張出身の武将である。

幼少期から福島正則らとともに秀吉に仕え、武断派の将として存在感を高めた。「朝鮮出兵」では、大軍勢を率いるのは初めてだったが、数々の城を落として抜群の武功を示し、肥後一国52万石を与えられる。

そんな清正は軍才以外にも、優れた築城技術を持っていた。名護屋城、蔚山《ウルサン》倭城《わじょう》、江戸城、名古屋城などを手がけたが、なんといっても有名なのは熊本城だ。

清正は7年におよぶ朝鮮での戦いで、攻城戦から籠城戦までをこなすなかで、自身の築城技術をさらに深化させていた。

熊本城にある120もの井戸や、大天守の前に非常食として植えられた大銀杏には、自身が籠城戦で経験した飢え、乾きへの恐怖が如実に反映されている。

また、高石垣の形にも特徴がある。高くなればなるほど勾配が急になり垂直に近くなっていく。「武者返し」という清正独特の形状である。

さて、秀吉没後は徳川家康に味方した清正だったが、彼は豊臣政権の退潮を心配しており、有事には秀吉の遺児・秀頼を熊本城に匿って戦う心づもりだったと言われる。

しかし、朝鮮で得た病がもとで50歳の若さで世を去った。家康が豊臣家を滅ぼす4年前のことであった。

現在の熊本城（熊本県熊本市）

黒田如水

歴代の権力者に警戒された

黒田如水は、1546（天文15）年、近江の生まれ。戦国時代きっての名参謀として知られている。

もとは小寺家に仕え、信長の勢力が急成長すると将来性を感じ臣従、のちに織田家中の秀吉に姫路城を差し出して配下になる。秀吉の軍師・竹中半兵衛の死後は、秀吉に帯同して数々の策を授けた。毛利家攻めでは、鳥取城への徹底的な兵糧攻めで勝利、備中高松城攻めでは城ごと水の中に沈めるという奇想天外な作戦を思いついている。

信長が死んだときは、意気消沈する主人を励まし、天下人への道を開いたとされる。

築城の名手として知られ、中津城や福岡城のほか、姫路城、大坂城、讃岐高松城、石垣山城、名護屋城、広島城など、豊臣政権下での主要な築城に関わり、総奉行として縄張りや助言を行った。

あの名人・加藤清正をして、「自身の城は3～4日で落ちるが、福岡城は30～40日は落ちない」と言わしめている。

その縄張りはとことん実戦的で、いつ本土からの敵が来ても良いように、城付近に流れる川を高石垣で固め、その上流に材木を貯蔵して戦に備えていた。

秀吉の死後は、親しかった家康に息子・長政を接近させ、大名として出世させるが、自身は家康にも恐れられていることを自覚してか、野心を見せずに隠居した。

現在の広島城（広島県広島市）

参考文献

『ビジュアル百科 日本の城1000城 1冊でまるわかり！』大野信長、有沢重雄、加唐亜紀（西東社）
『日本の城』監修・三浦正幸（主婦の友社）
『洋泉社MOOK 歴史REAL 日本の城』（洋泉社）
『別冊宝島　2401号　蘇る城』監修・加藤理文（宝島社）
『城の楽しみ方完全ガイド』監修・小和田哲男（池田書店）
『オールカラーでわかりやすい！ 日本の城』編著・中山良昭（西東社）
『戦国100名城』（双葉社）
『CG復元 戦国の城』（学研パブリッシング）
『学研雑学百科　お城のすべて』監修・三浦正幸（学研パブリッシング）
『さがしてみよう 日本のかたち 二 城』写真・日弁貞夫 文・中村良夫（山と渓谷社）
『歴史群像シリーズ特別編集【決意】図説・天守のすべて』監修・三浦正幸（学研）
『城歩きハンドブック』（新人物往来社）
『知れば知るほど面白い 戦国の城 攻めと守り』監修・小和田哲男（実業之日本社）
『図説・戦う城の科学』萩原さちこ（ソフトバンククリエイティブ）
『城と縄張り 全国100城』（双葉社）
『完本【決定版】図説 江戸三百藩「城と陣屋」総覧』監修・三浦正幸（学研パブリッシング）
『古城と名城 ――その歴史秘話――』立石優（明治書院）
『CG日本史 シリーズ① 戦国の城と戦い』（双葉社）
『CG日本史 シリーズ⑥ 戦国大攻城戦』（双葉社）
『戦国の城と合戦』（双葉社）

CGで大解剖！
戦国の城

平成28年2月24日　第1刷

編　著　彩図社編集部
CG制作　成瀬京司
デザイン　難波義昭
発行人　山田有司
発行所　株式会社　彩図社
東京都豊島区南大塚3-24-4
MTビル　〒170-0005
TEL:03-5985-8213　FAX:03-5985-8224
印刷所　シナノ印刷株式会社
URL　http://www.saiz.co.jp
Twitter　https://twitter.com/saiz_sha

ISBN978-4-8013-0125-2 C0021

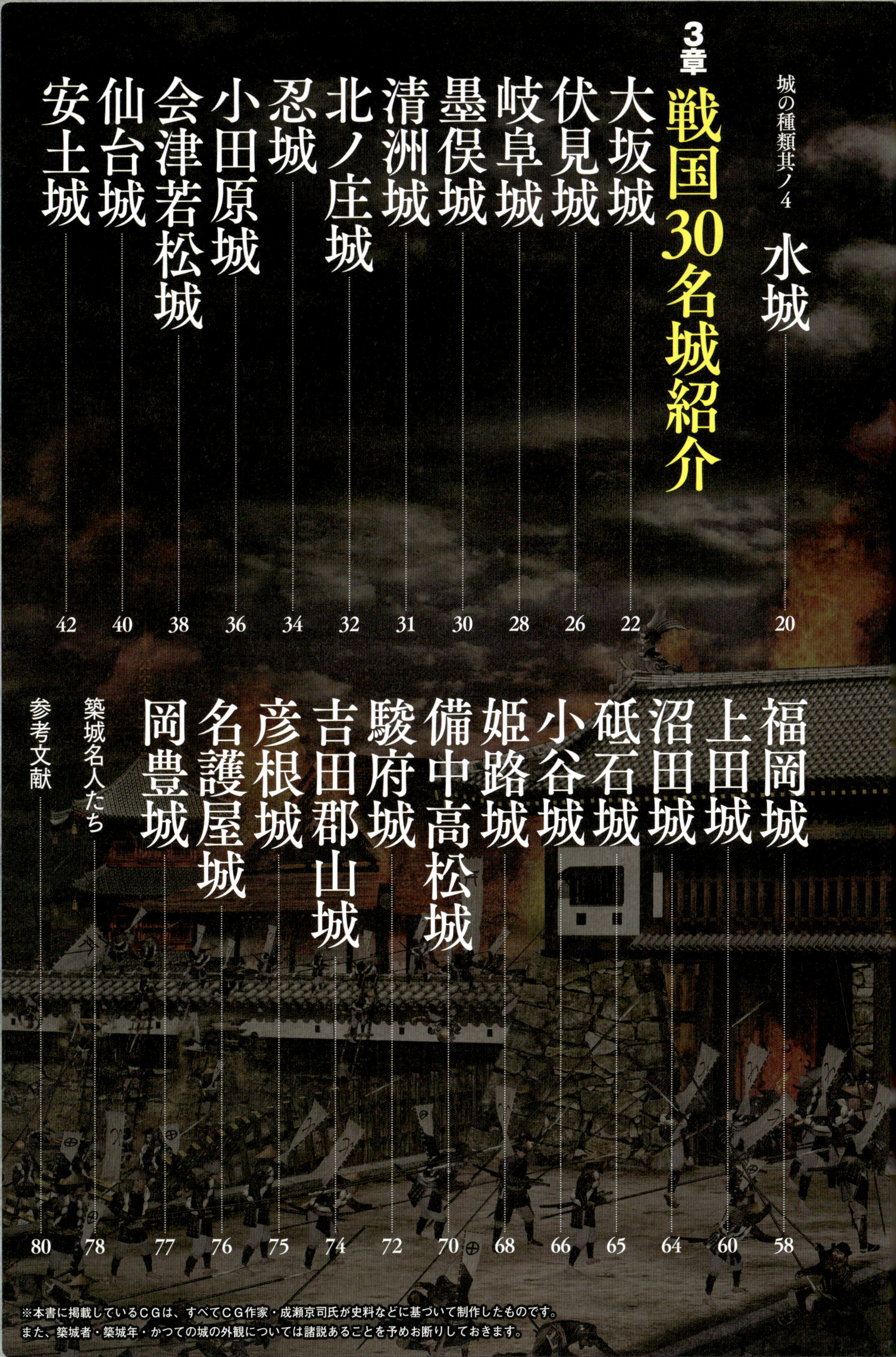

3章 戦国30名城紹介

※本書に掲載しているＣＧは、すべてＣＧ作家・成瀬京司氏が史料などに基づいて制作したものです。
また、築城者・築城年・かつての城の外観については諸説あることを予めお断りしておきます。

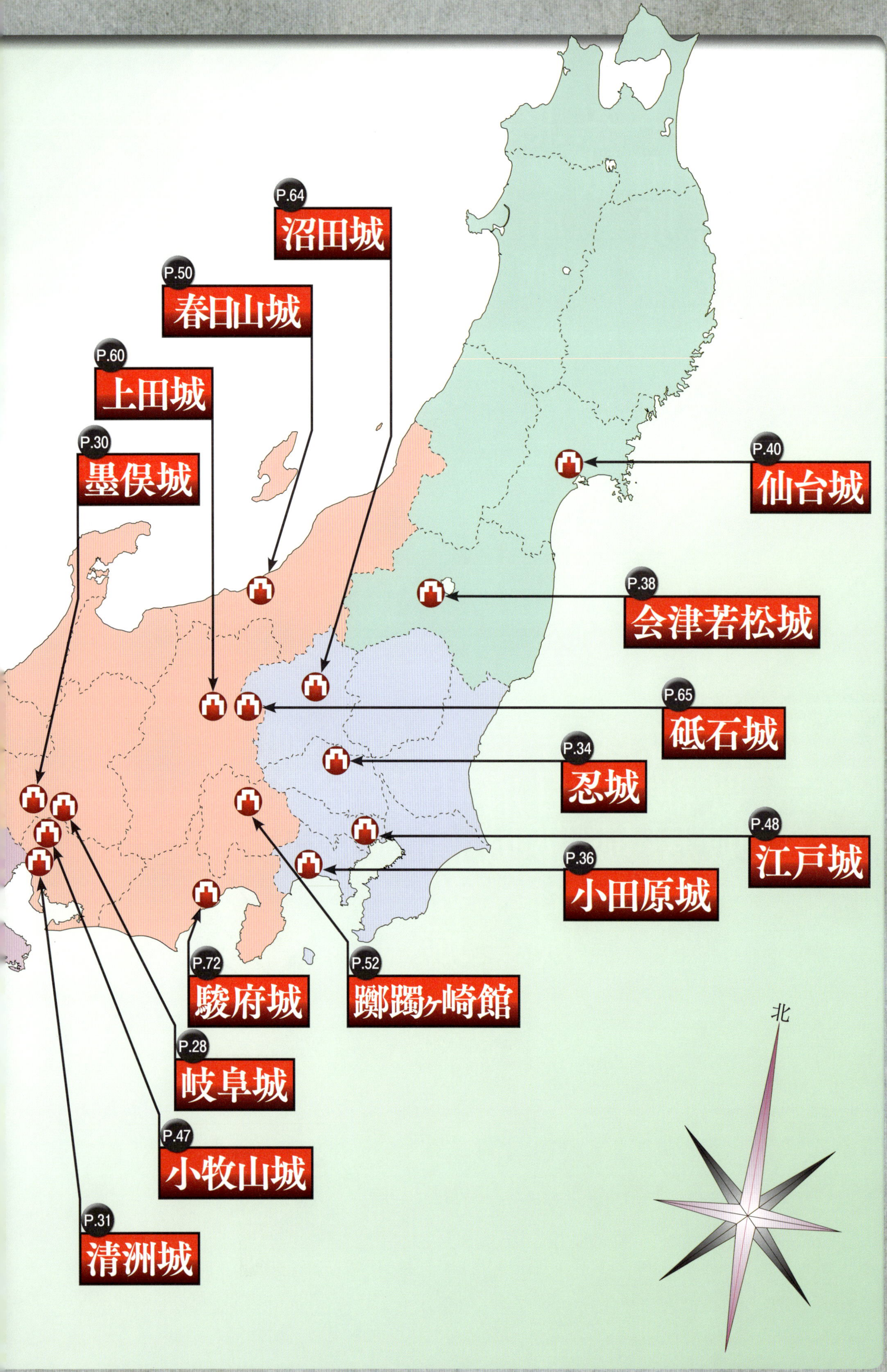
P.64
沼田城
P.50
春日山城
P.60
上田城
P.30
墨俣城
P.40
仙台城
P.38
会津若松城
P.65
砥石城
P.34
忍城
P.48
江戸城
P.36
小田原城
P.72
駿府城
P.52
躑躅ヶ崎館
P.28
岐阜城
P.47
小牧山城
P.31
清洲城
北

戦国30名城MAP

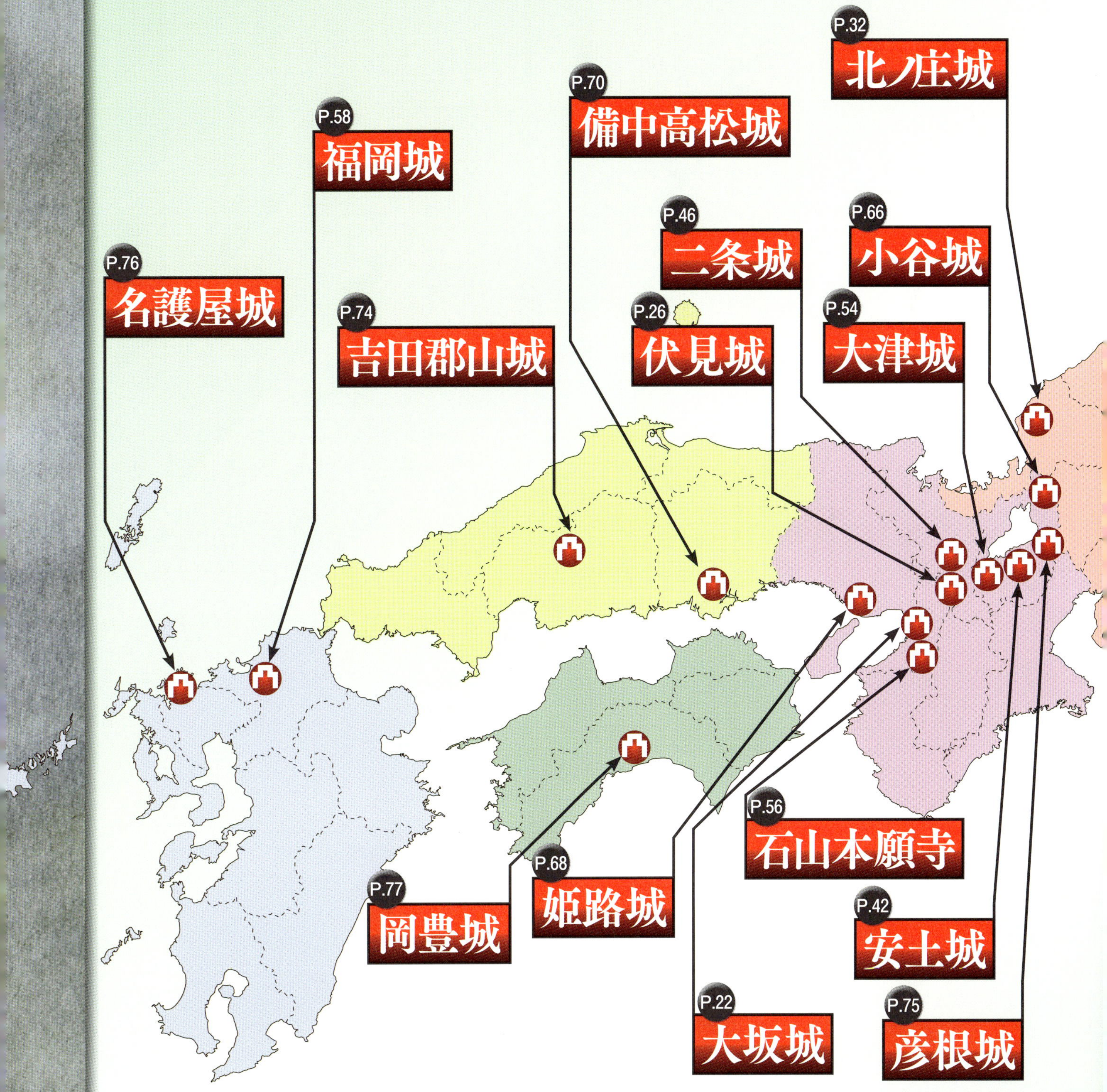

P.32
北ノ庄城
P.70
備中高松城
P.58
福岡城
P.46
二条城
P.66
小谷城
P.76
名護屋城
P.74
吉田郡山城
P.26
伏見城
P.54
大津城
P.56
石山本願寺
P.68
姫路城
P.77
岡豊城
P.42
安土城
P.22
大坂城
P.75
彦根城

城を形づくるもの 天守 その1

天高くそびえる城の象徴 時を経てなお人を惹きつける

城はなんのためにある？

まずは、日本の城を形づくるパーツについて解説するが、その前に、我が国における城はどんな役割を果たしてきたのか、おさえておこう。

城の形は築かれた時代によって大きく異なるが、共通しているのは「領地を守るための軍事施設」だということだ。

起源を求めるならば、弥生時代の環濠《かんごう》集落だろう。集落の周囲に堀を設け、その土で土塁を盛って柵を設置するなど、城としての原型がみられる。

その後は政治情勢や戦争の形態に合わせて城は形を変えるが、あくまでも戦の決着をつけるのは野戦であり、城が主役になることはなかった。

それが飛躍的な発展を見せたのが、朝廷が2つに分かれて争った南北朝時代である。

南朝方の楠木正成《くすのきまさしげ》が、難攻不落の千早《ちはや》城にわずかな兵で籠城し、幕府軍を撃退した事件をきっかけで、戦争における攻城戦・籠城戦の重要性が見直されることになった。

以降は、地形を利用した山城が主流となり、主に山岳地帯を利用した山城が増えて、様々に形を変えて戦国時代に突入する。

築城技術が進化し、天守や石垣が登場して近世城郭が主流となると、権力や財力の象徴としての要素や、政庁としての機能が重視されるようになる。太平の世が近付くにつれ、政治的側面を色濃くしたのだ。

天守が果たした役割

「天守＝戦国の城」というイメージがあるが、本格的な天守が登場したのは、実は戦国時代の終わり頃だと言われている。

織田信長が、自身の天下の到来を誇示するかのように築いた安土城の天守を皮切りに、急激に「天守ブーム」が全国に巻き起こり、最盛期には、日本に100を超える天守があったという。

では天守にはどのような役割があったのか？　それについて、江戸時代の兵学者は10個の機能を定義している。

「城内をみる」、「城外をみる」、「遠方をみる」、「城内武者配り自由」、「城内の気をみる」、「守備下知自由」、「寄せ手の左右をみる」、「飛物掛り自由」、「非常時変化」、「城の飾り」。

ここから分かるのは、天守には高さを活かした「物見」、「司令塔」としての機能が期待されており、おまけとして「飾り」という役割があったということだ。

しかし、戦国時代が収束に向かうにつれ天守の役割は「飾り」の比重が大きくなり、築城主たちは機能より政治性を重視するようになっていったのだ。

日本に現存する天守は？

では、築城主たちが思いを託した天守はどのくらい残っているのか。

全国に残る天守は弘前城、松本城、犬山城、彦根城、姫路城、丸岡城、松江城、松山城、丸亀城、宇和島城、高知城、備中松山城の12棟のみで、これらを「現存十二天守」と呼ぶ。

これに対し、焼けてしまったり、破却してしまった天守を史料に基づいて再現した天守を「復元天守」と呼ぶ。

素材や工法にまでこだわって、往時の姿を忠実に再現した天守もあれば、熊本城のように外観だけを再現した天守もある。

往時の姿を見たいという需要があるからこそ、常に復元が進むのだろう。

戦う機能だけではなく、見た目の美しさや迫力を追求した天守は、今なお日本人の心をつかんで離さないのだ。

天守その種類

天守の構成についてはいくつかのパターンがある。最もシンプルなものは「独立式」といって付属の建物を持たない江戸城などの城だ。その他のバリエーションは左図で示す通り。

連結式天守

天守と小天守の間に渡櫓を挟んで、防備を固めた形

複合式天守

天守や小天守に櫓がつく形で、最も多く見られる

連立式天守

大天守と2基以上の小天守を、ロの字に接続した形

天守の最上階に神社を設置している城もあった
外壁のカラーにも大名ごとにこだわりがあった。豊臣秀吉は黒色と金色をふんだんに使ったが、徳川家康は白で統一していた
城によっては階段に60度もの勾配をつけている。敵の侵入を防ぎ、スペースを有効に使う狙いだった
城主は天守で暮らしているイメージがあるが、本丸御殿など寝起きするケースがほとんどだった
籠城戦のときの水分補給のため、内部に井戸を設置していることもあった
天守台の内側を空洞とすることによって、「穴蔵」と呼ばれる地下室を造り備蓄倉庫として使うこともあった
天守が上げられる土塁や石垣が積まれた高台のことを「天守台」と呼ぶ

堀

城を形づくるもの その2

**日本の城を構成する最大の基本要素
戦の発展とともに多彩な形に進化した**

菱というツルを伸ばす植物を植えた城も。ツルが堀を泳ぐ敵兵に絡みつき、動きを封じるのだ
大きい河川や海に近い場合は水運に利用したり、有事の際には飲み水として使うことも
空堀は攻め手が石垣に近づき易いが、そのぶん石垣の上から簡単に狙い撃てる

大昔からあった防御機構

堀を巡らせて敵の侵入を防ぐ、という発想の誕生は、はるか弥生時代の環濠集落にまで遡る。

「城」という字が「土」と「成」に分解できることからも分かるように、土を掘って作られた堀こそが、城の原形なのだ。

堀は大きく分けて、水のない「空堀」と、川や湖、海などから水を引いた「水堀」がある。

中世の城はほとんどが山上にあり、水を貯めておくことができなかったため、堀は空堀だ。戦国時代の堀は水堀が一般的だったが、城によっては空堀が採用された。

射程距離が長い鉄砲が登場すると、従来の堀の幅では守り手の被害が大きくなるため幅が広くされるなど、時代が進むにつれその様式は進化していった。

通常、堀は幾重にも掘られており、平地の城における外側の堀を「外堀」、内側の堀を「内堀」といった。

城攻めにおいては、多くの兵士を城内に突入させなければならず、外堀への対処が重要な意味を持っていた。

例えば、1614（慶長19）年に勃発した徳川家と豊臣家の戦い「大坂冬の陣」では、大坂城の外堀を埋め立てることが和平の条件となり、結果的に城の防御力は著しく低下することになった。目的を達成するために根回しをすることを指す「外堀を埋める」という諺はここからきている。

戦国時代が終わっても堀の重要性は変わらず、幕府の中枢・江戸には、江戸城の広大な外堀の各所にあった「見附《みつけ》」と呼ばれる外郭門を通らないと、入ることができなかった。

外堀は現在の外堀通りとして、見附も赤坂見附、牛込見附などの地名に名残をとどめている。

城を形づくるもの

馬出

その3

味方を隠し、出撃を助ける 城の外にあって攻守で活躍

守り手の盾となり矛となる

城を外から守る防衛拠点として戦国時代の後半に登場したのが、馬出《うまだし》である。門の前面に小さな土塁や石垣を設けることで、敵の侵入を防ぐとともに、中の様子が分からないよう工夫している。

入口は2つに分かれているため、攻め手は分散して攻撃にあたらざるを得ないうえに、常に馬出の内側から反撃を受けることになる。もし、ひとつの入口に攻撃を集中されたら、もう一方から出撃し、回り込んで挟み撃ちにすることもできた。

仮に馬出を占拠されたとしても、入口が狭い馬出内部では敵兵の移動が限られるので、城内から狙い撃ちにできた。

また馬出は防御だけではなく、守り手が反撃する際にも活躍した。内側に兵を貯めておき、一気に打って出るのである。外馬出には様々な形状があるが、大きく分けて半円形のものを「丸馬出《まる》」、コの字型のものを「角《かく》馬出」と呼ぶ。

丸馬出は武田家が好んだとされており、半円形の土塁の外側に沿って堀が掘られることが多かった。

これは「三日月堀」と呼ばれ、武田信玄が築いた諏訪原《すわはら》城やその子・勝頼が築いた新府城などに遺構がある。

対して「角馬出」を好んだとされるのが、築城の技術には定評のあった北条家だ。本拠の小田原城にも大規模な角馬出を採用している。

「真田丸」は巨大な馬出

歴史上最も有名な馬出は、1614(慶長19)年の「大坂冬の陣」で大活躍した真田幸村(信繁)による「真田丸」だろう。形状規模は馬出というより要塞に近いが、真田は武田家遺臣の幸村らしく「丸馬出」であり、徳川家の大軍を見事に撃退してみせた。

江戸時代が終焉し、明治時代が到来すると、城からせり出した馬出は「交通の邪魔になる」という理由で、そのほとんどが取り除かれてしまった。

現存するのは諏訪原城、五稜郭《ごりょうかく》、名古屋城、篠山《ささやま》城など、ごくわずかである。

正面から堀を突破するか、狭い入口を攻撃するしか、攻め手に選択肢はなかった
半円形の土塁の外側に沿って堀が掘られている。典型的な「三日月堀」だ

櫓は階数によって「平櫓」「二重櫓」と分類する。これは「三重櫓」と呼ばれる最高の格式を持つ櫓だ
迎撃用の狭間を有効活用するため、櫓は視界が広い曲輪の四隅に置かれることが多かった

城を形づくるもの その4

櫓

あるときは見張り台、またあるときは倉庫
城に欠かすことのできない防衛戦の拠点

城に不可欠な施設

櫓《やぐら》は城の要所にいくつも置かれ、主にその高さを活かして物見（見張り）に使われた。敵が侵攻してくれば、射撃の拠点となって攻め手を苦しめたのである。

多くは曲輪（城の区画）の四隅に設置され、その方位に応じて「辰巳《たつみ》櫓」、「未申《ひつじさる》櫓」などと呼ばれていた。

西日本の大名家が櫓を多く設置する傾向があり、70を超える櫓を設置した例もある。

櫓はもともと「矢倉」、「矢蔵」と書かれていた。つまり戦に備えて弓矢を貯蔵していた武器庫が発展したと考えられる。戦国時代にも倉庫としての役割は残っており、平時には武器や防具、兵糧などの貯蔵庫になった。

蓄えている品目の名前で呼ばれることも多く「鉄砲櫓」「弓櫓」「槍櫓」などの呼び名が残っている。

変わったところでは時間を知らせる太鼓を打つための「太鼓櫓」がある。時刻を知らせる音を遠くまで響かせるため、窓を大きく造る工夫が施された。

多聞櫓は攻め手の脅威

中でも特殊な形状を持つのが「多聞《たもん》櫓」。石垣や土塁の上に築かれた横長の櫓で、兵士が籠もって敵を迎え撃った。普段は住居や倉庫として使われ、金沢城の多門櫓はその全長から「五十間長屋」と呼ばれた。

1600（慶長5）年の「関ヶ原の戦い」においては、東軍の京極高次が籠る大津城に、見事な多聞櫓があったとされる。大津城は西軍の大軍を足止めし、彼らは関ヶ原の決戦に遅れてしまい、結果本隊は徳川家康に敗北してしまった。

後日、大津城の多門櫓を見た家康が感嘆したというから、ある意味、櫓が歴史を動かした戦いだったのかもしれない。

城を形づくるもの その5

虎口

攻城戦における攻防の要所 守り手の防御力が集中した

攻め手も損害を覚悟した

堀を張り巡らせ、馬出で防御し、石垣を高くしたとしても、出入口である門の前だけは無防備である。

攻め手にとって門の前は、まず第一に目指すべき攻撃目標であり、守り手にとっては侵入を防ぐために最大の工夫を施さなければならない場所であった。

そこで発明されたのが虎口《こぐち》である。当初は通路が狭かったことから小口と呼ばれたが、転じて虎口となった。攻め手にとって損害を覚悟しなければならない一角であることを如実に示している。

といっても、造り方はいたって簡単。攻め手が通る通路を、途中で様々な形に折り曲げるだけである。

ところが、その工夫によって攻め手の被害は飛躍的に跳ね上がる。虎口の通路は、常に守り手が2つの方向から弓矢・鉄砲で狙い撃つことができるよう設計されており、攻め手の兵は前後左右から攻撃されながら進まなければならなかった。

平地に造られた平城と違って、高低差が使える山城の場合は、攻め手が坂道を登ってくるところに狙いを定めて虎口を強化したようだ。

攻め手を袋の鼠にする枡形

また通路の他に「枡形《ますがた》」と呼ばれる四角形のスペースも利用された。

お酒を飲むための枡に由来しており、枡形に入った攻め手は、90度折れなければ進めないようになっていた。

もちろん敵が折れてスピードが落ちるところを狙って、四方から守り手が攻撃を加えるのである。

ちなみに敷地から飛び出すように造られた枡形を「外枡型」、敷地内部に造られたものは「内枡型」と呼んだ。江戸城や大坂城をはじめとする大規模な城では、ほとんどこの枡形が採用されている。

現存するものとしては金沢城の石川門が分かり易い。ここは枡形を二重櫓と多門櫓で囲む完璧な布陣であり、侵入してきた敵はひとたまりもないだろう。

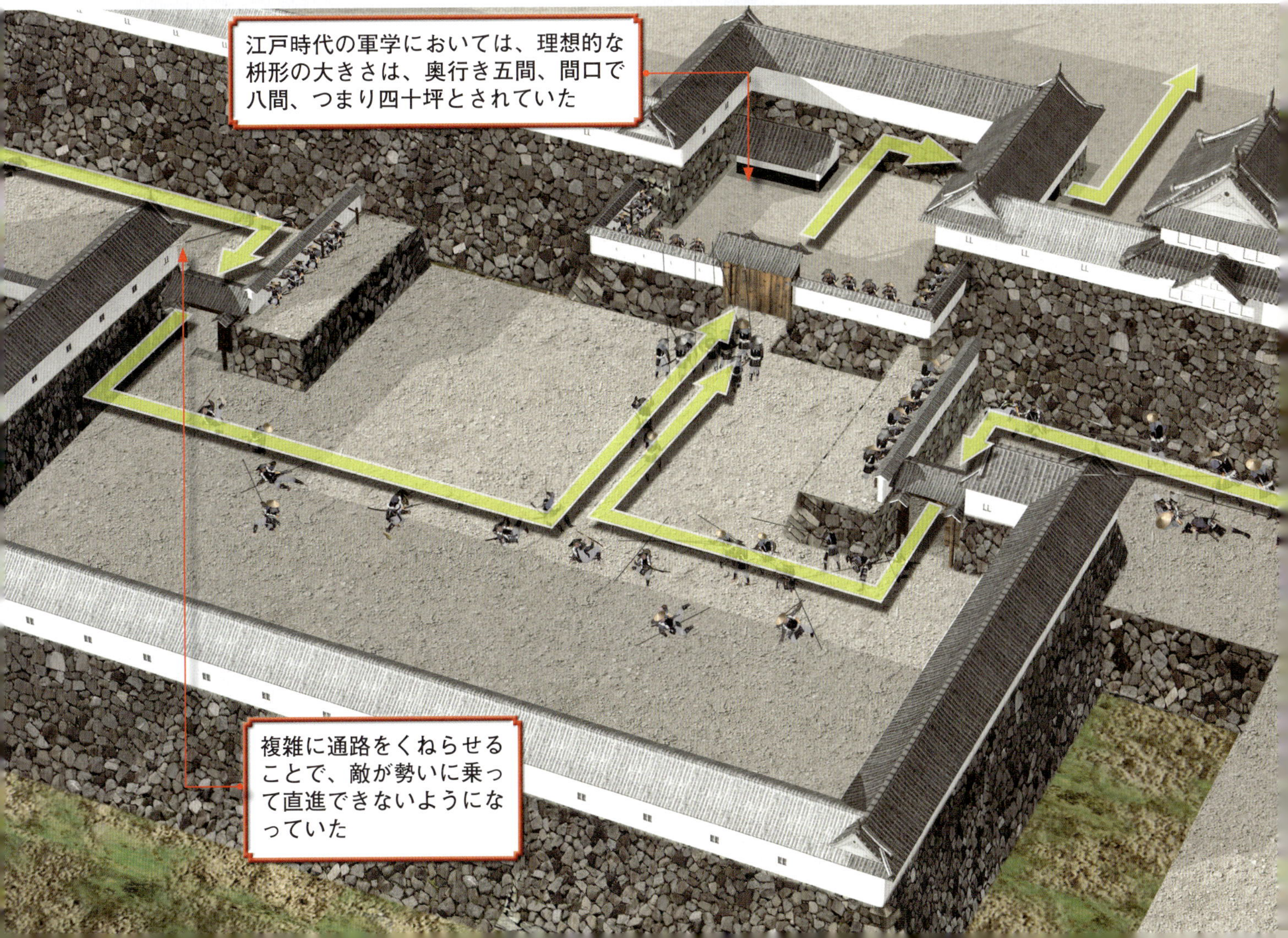
江戸時代の軍学においては、理想的な枡形の大きさは、奥行き五間、間口で八間、つまり四十坪とされていた
複雑に通路をくねらせることで、敵が勢いに乗って直進できないようになっていた

城を形づくるもの 狭間 その6

守り手の身を守り、敵兵を倒す武器によって様々に形を変える

姫路城には実に4000個以上の鉄砲狭間があったといわれている
鉄砲狭間は座ったままだから「居狭間」、矢狭間は立つことから「立狭間」ともいった

ただの穴と侮るなかれ

城の塀や櫓には、無数の小さな穴が空いている。これらはただの飾りではなく、狭《さ》間《ま》といって、れっきとした城の防御機構である。

「○」「△」「□」などの形があり、ここから攻め手に矢玉の雨を降らせるのである。穴は、城内側に向くにつれて大きくなっていくことが多い。

こうすることで、城外からは狙われにくくなり、城内からは穴の広さを活かして射角を広げることができる。

狭間には矢を放つための「矢狭間」と、鉄砲を撃つための「鉄砲狭間」がある。弓は立って、鉄砲は座って狙いをつけるので、鉄砲狭間は矢狭間より30センチほど低く空けられているのが特徴である。

石を落とさなかった石落

攻め手を攻撃する仕組みとしては、狭間のほかに石落《いしおとし》も有名である。櫓や天守の隅に突き出た部分があり、床が開くようになっていたのである。

これは狭間の死角である、真下に入り込んだ敵兵を排除できるように作られたもので、石を落としたり、糞尿を浴びせたりしたともいわれるが、それは中世の戦闘のイメージで、名前こそ石落だが、実際は弓矢・鉄砲が使われていた。

さらに「隠し狭間」というバリエーションもある。狭間を薄い土壁で塞いで敵を油断させ、敵が迫るや否や壁を破って攻撃を食らわせるという、巧妙な仕掛けである。

ただ江戸時代に入って平和が続くと、実用的な狭間や石落は「無粋なもの」とされ、その姿を消していったのだった。

城を訪れた際は、守り手の兵になった気持ちになって狭間から城内を見回してみてはいかがだろうか。

城を形づくるもの

石垣

その7

研ぎ澄まされていった石積みの技術 城の基礎をさらに強固なものとした

土塁の弱点を克服した石垣

城の原形は掘を造り、掘り出した土で土塁を盛ったものだが、土塁には水に弱いという弱点があった。

そこで登場するのが石垣である。

すでに中世の城郭には、2メートルほどの小規模なものが見られ、近世に入ると城郭の防御を目的とした城石垣に発展した。

その先駆けが観音寺《かんのんじ》城の石垣であり、手がけたのは技術者集団「穴太衆《あのうしゅう》」だった。

彼らは安土城の石垣も積んだとされている。

その後、西日本を中心として築城に石垣を用いる事例が増えていく。なぜ西日本かというと、石垣の材料となる花崗岩《かこうがん》の産地が限られていたためだ。だから、採取が簡単な瀬戸内海沿岸には、石垣を持つ城が多く残っているのだ。

進化を続けた石積み技術

こうして築城には不可欠な技術となった石積みの技術は、急速に進化していく。

もっともオーソドックスな工法は「野面《のづら》積み」。自然の石を加工せずに積み上げていく方法だ。石の形がバラバラなため、隙間が空いているのが特徴である。

続いて登場したのが「打込接《うちこみはぎ》」。石と石の接合部分を加工し、さらに隙間に間石を敷き詰めて積み上げる方法だ。

最後に「切込接《きりこみはぎ》」。石と石がぴったり重なるよう、徹底的に加工して隙間をなくす方法だ。

一見、切込接が最も強度があるように思われるが、実際は野面積が最も頑強で、排水性にも優れていた。ただ敵によじ登られ易いうえ、高さを出しにくく、勾配が作れないという弱点がある。

打込接、切込接は表面の隙間がなく、さらに勾配を作ることによって、よじ登りにくいものの、排水性が悪いため、別に排水溝を設ける必要があったのだ。

技術自体は野面積み、打込接、切込接の順に発展したが、このようにそれぞれ一長一短あるため、幕末にも野面積みの城が造られたこともあった。

次項からは城の種類について解説しよう。

勾配をつけることで敵兵を
寄せ付けず、また建物を安
定させて地震から守った
表面の石の奥には「栗
石（裏込とも）」と呼ば
れる小石が敷き詰めら
れ、全体を支えている

城の種類
其ノ①

山城

やまじろ

戦うために生まれ、発展していった防御要塞
天然の要害を武器に攻め手の前に立ちはだかる

POINT

長所：簡単に築城できる
地形を利用できる

短所：人が住みにくい
大軍を収容できない
長期戦に弱い

手軽で防御力が高い山城

一般に「城」といってイメージされるのは、石垣が積まれ、立派な天守がそびえ立っているところだが、そういった城郭が築かれるのは、戦国時代末期から江戸時代にかけてである。

柵や堀、土塁で内部を守るという仕組みは古代からあったものの、作りは単純で「城」というよりは「砦」に近かった。

しかし平安時代末期の「治承《じしょう》・寿永《じゅえい》の乱」、いわゆる「源平の合戦」を境に、日本には武士の大軍団を動員する戦闘が普及した。するとと単純な砦では大将を守り切れなくなり、防衛戦の舞台はより防御に適した場所、つまり山に移行していくことなる。

こうして誕生するのが山城であり、その名の通り、山に築かれた城郭のことである。特に、朝廷が2つに割れた南北朝時代に籠城戦が多く行われたことにより、発展していったとされている。

最大の特徴は高低差による防御力の高さ。尾根に沿って城を築き、山を削って崖を険しくする「切岸《きりぎし》」や空堀を設けるだけで、天然の要害を活かした要塞として機能した。大軍を相手にする籠城戦では、攻め手の進路を限定することが重要だが、その点、山はもともと道が限られているのだ。

山上であるがゆえの弱点も

ただ、山城は多くの人が住むには適して

山城は柵を巡らすだけで
要塞になる。その手軽さ
も魅力のひとつ
斜面を削って急峻にする
（切岸）ことによって防御
力を強化した
水を張ることはできない
ため、山城の堀はすべて縦
横に掘られた空堀である

いないため、武田信玄のように平地の館を住まいとし、別に籠城戦用の山城を使う大名も多かった。また物資を保管する場所が限られており、長期間の籠城は難しかった。

もっとも上杉謙信のように、山全体に多数の曲輪を配置して丸ごと城郭化し、家臣や自身の住居を設けたケースもある。

こうして中世から近世にかけて多くの山城が築かれたが、城下町を政治・経済の中心として発展させたい大名たちは、次第に平野部に移行していくのだった。

見に行ける山城

備中《びっちゅう》松山城

岡山県の備中松山城は岐阜県の岩村城、奈良県の高取城とともに「日本三大山城」と称されている。臥牛山《がぎゅうさん》の山頂にあり、現存する天守を持つ山城としては日本一の標高。運が良ければ雲海の中に浮かび上がる城が見られる。

Access

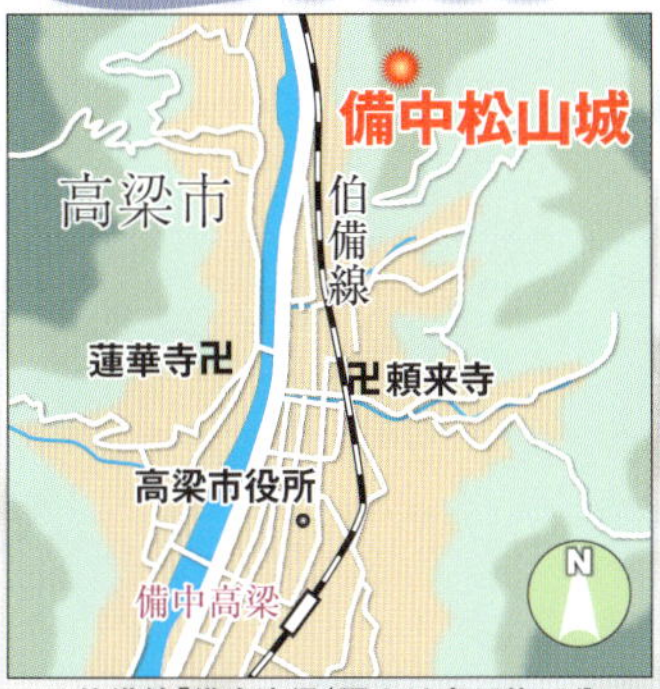
備中松山城
高梁市
伯備線
蓮華寺
頼来寺
高梁市役所
備中高梁
N

ＪＲ伯備線「備中高梁」駅より車で約10分

城の種類 其ノ②

平城《ひらじろ》

包囲され易いぶん、攻撃能力に優れる 大規模な城下町とともにあった権力の象徴

最新の技術が不可欠

山城が山の上にある城なら、平城はその名が示す通り、平地に築かれた城である。平山城から平城に発展したとする説もあるが、早い時期に築かれた平城もあるため、明確な区分は難しい。

山城と違って平坦な場所に築かれた平城は、どこからでも攻め手が押し寄せるため、周囲を堀などで幾重にも囲み、あらゆる方面に万全の防備を施す必要があった。

つまり水堀や石垣、櫓に虎口など戦国時代に発展した技術をもってして、初めて実現した城郭だといえる。

広いぶん築城にあたってのコストもかさ

POINT

長所：出撃が容易い
大軍を収容できる

短所：四方の防備が不可欠
築城のコストが高い
すぐに包囲される

見に行ける平城

広島城

広島県の広島城は、智将・毛利元就の孫・輝元によって着工され、福島正則が完成させた。近代に入っても健在だったが、原子爆弾の投下によって全壊。現在の天守は戦後に復元されたもので内部は歴史博物館となっている。

Access

広島電鉄市内線「紙屋町東」より徒歩約15分

んだため、平城は大きな動員力を持った大名の台頭とともに増えていった。

代表的な城としては広島城が有名であり、岡山城、名古屋城とともに「日本三大平城」と称される。

平地とはいえ、立地は工夫されており、低湿地帯に築かれた平城を攻める兵は水田などに足を取られ行軍を妨害されたという。

戦略の幅が広がる平城

当然、利点もたくさんある。城下町と一体になっているため、城を政治・経済の中心地として据えることができる。

そのため広島城における広島市、江戸城における東京都、駿府城における静岡市といったように、平城の城下町は現代において大都市に発展しているケースが多い。

平城は広い敷地を活かして物資もたくさん貯蔵し、大軍を収容しておける。

また攻め手にとっての交通の便の良さは、守り手にとっても同様であるため、城から容易に打って出ることができる。

籠城して時間稼ぎをしている間に、味方の救援部隊と連携する「後詰」作戦も採り易い。先述したように、築城にあたっては最新の防御機構が組み込まれているし、見た目ほど脆弱ではなかったのだ。

戦国時代も大詰めとなると、徳川家康が築いた駿府城、二条城、江戸城のように、権力の象徴としてあえて広大な平地に築城される城も増えていった。

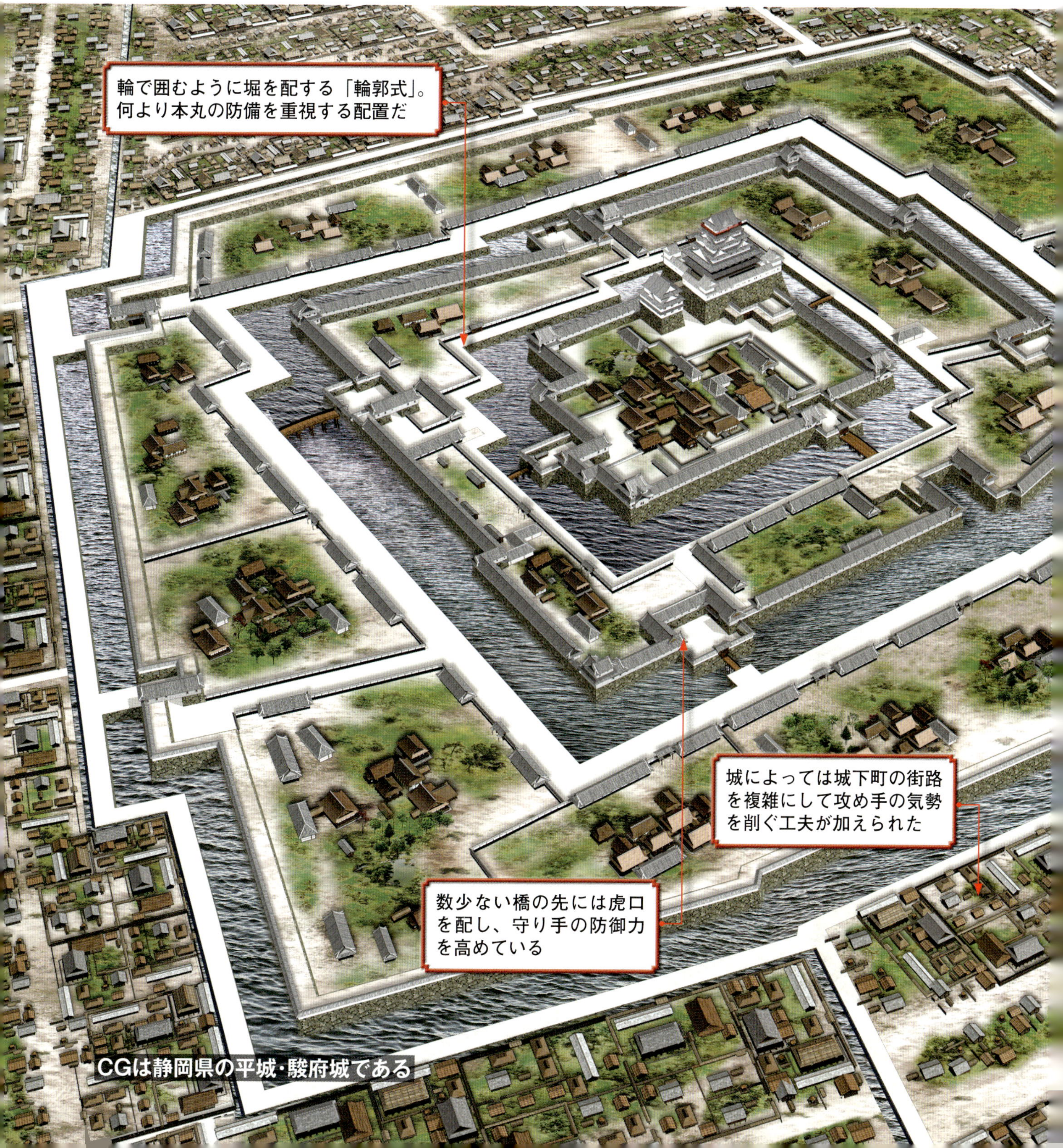
輪で囲むように堀を配する「輪郭式」。何より本丸の防備を重視する配置だ
城によっては城下町の街路を複雑にして攻め手の気勢を削ぐ工夫が加えられた
数少ない橋の先には虎口を配し、守り手の防御力を高めている
CGは静岡県の平城・駿府城である

城の種類 其ノ③

平山城

ひらやまじろ

平城と平山城の良いとこ取りでバランス重視
“戦う城”から“魅せる城”へシフトした

POINT

長所：攻守バランスが良い
大軍の収容も可能
権威が一目瞭然
短所：大砲の標的にし易い

山城の欠点を見事に克服

戦国時代が進むにつれ、群雄割拠していた大名は淘汰が進み、少数の有力大名が残されていく。他家を征服して領土は広がり、擁する兵力も万単位に膨れ上がった。

こうなってくると、大兵力が駐屯できず、居住性や交通の便も悪い山城は、本拠地に相応しくない存在になっていく。

こうしたなか、山城の弱点を克服した大城郭を築き、平山城という様式を発明したのが織田信長である。

信長が築いた安土城は、水上交通の要であった琵琶湖に面する山に築かれ、山裾に広がる平野部に広大な城下町を造った。山頂には豪華絢爛な天守が築かれ、信長自身がそこで寝起きした。

これは当時珍しく、家臣も山腹や城下町に暮らしたから、居住空間が城に組み込まれることになった。

もっとも、信長以前にこうした城郭を発明していたとされる武将がいる。1世紀以上以前に活躍した関東の太《おお》田《た》道灌《どうかん》である。当時の関東は大混乱で戦が絶えず、道灌は山城ではなく、出兵し易い平地の丘陵に平山城を築いた。

これが、最初期の江戸城である。ただ、当時はこの様式が主流になることはなく、道灌自身も非業の死を遂げてしまった。

城に政治性を持たせた

強いて弱点を挙げるとすれば、大砲で狙いがつけ易いことだ
城をぐるりと石垣で囲む「総石垣」を広めたのも織田信長だ
平山城は特に配置に定型がなく、地形によって様々に形を変えた
CGは滋賀県の平山城・彦根城である

平山城に壮大な天守を築き、城に政治的な意味を持たせたのも信長が最初だとされているが、異説もある。1560（永禄3）年に、松永久秀が築いた名城・多聞山《たもんやま》城である。その豪華さは、城を訪れた宣教師ルイス・フロイスを驚かせたほどだった。

のちに久秀は主君の信長を裏切ったことで攻め滅ぼされるのだが、久秀の思想は信長に受け継がれ「実戦的かつ政治性を持つ」城は安土城以降のスタンダードとなっていくのだった。

見に行ける平山城

姫路城

兵庫県の姫路城は池田輝政によって大城郭となった平山城である。江戸時代初期に建てられた天守や櫓などの主要建築物が現存していることから、世界遺産にも登録されている。別名の「白鷺《しらさぎ》城」で呼ばれることも多い。

Access

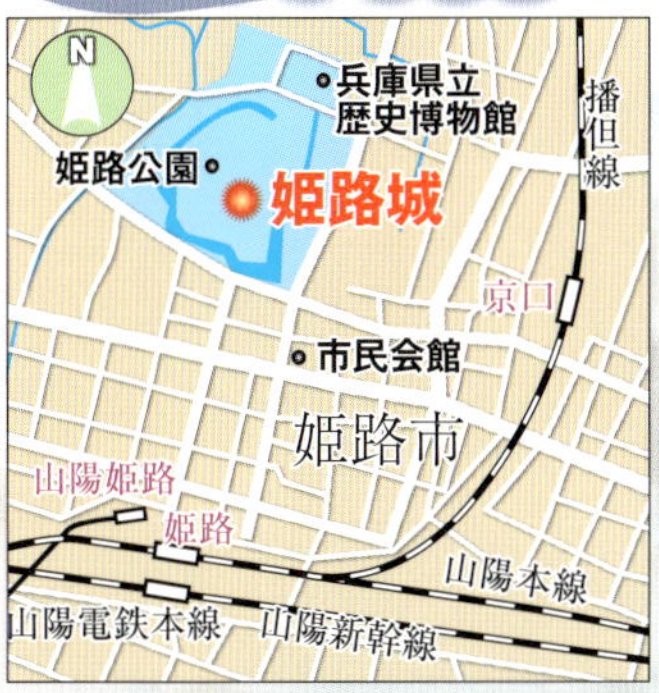
N
兵庫県立歴史博物館
姫路公園
姫路城
播但線
京口
市民会館
姫路市
山陽姫路
姫路
山陽本線
山陽電鉄本線
山陽新幹線
山陽電鉄本線「山陽姫路」駅より徒歩約20分

城の種類 其ノ④

水城《みずじろ》

自然の水による天然の堀・石垣に守られた城 水運を自在に利用し監視することができた

地形を利用した特殊な城

河川や湖、沼などを利用して築かれた城のことを水城と呼ぶ。海を利用している場合は特別に海城と呼ぶこともある。

海や湖を城郭に取り入れることで、巨大な水堀としてしまったり、内陸部に水を引き込み、堀として利用することができた。

また水城を築く大名は水軍を組織していることが多かったため、水軍の運用や港湾の監視にもうってつけだった。

特に瀬戸内海の海賊大名が築いた水城は水軍城として区別される。彼らは島ごと城塞化し、瀬戸内海の制海権を掌握していた。

平時は流れが激しい海を行き交う船の水先案内人を務めることで通行料を徴収し、周辺の大名家が戦をすれば、敵味方に分か

POINT
長所：陸からの攻撃に強い
水運を利用できる
短所：適した立地が少ない
海上から侵入が容易
物資を海上から運び込めるのは籠城戦に有利に働く

見に行ける水城

今治城

愛媛県の今治城は、戦国時代きっての築城名人・藤堂高虎の手による水城である。瀬戸内海の海水を直接引き込んだ三重の堀で鉄壁の防御を誇り、現在も残る幅約60メートルの内堀は圧巻。復元された天守と櫓も鑑賞できる。

Access

卍南光坊
今治市役所
〒今治局
今治城
今治
予讃線
今治市
N

瀬戸内バス「今治城前」より徒歩約3分

れて争ったのである。

しかし戦国時代末期、豊臣秀吉が出した海賊停止令によって、彼らの時代は終わりを告げた。海軍城は廃城となり、海賊大名は内陸部へと追いやられていった。

水城ならではの強みと弱み

水城最大の強みは、陸からの攻撃に対する防御力が高いことにある。

水を背にしているから、敵の進路が読み易く、また手勢の水軍を使って側面攻撃を仕掛けることもできた。

また、籠城戦の場合、守り手の問題となるのは包囲された際の兵糧だが、その点、水城は物資を運んでくる船を敵陣を経ずして直接城内に運び込むことができる。

水運で持ちこたえた城としては、一向宗が立て籠もった石山本願寺が有名だ。

区分でいえば平城だが、瀬戸内海近くの淀川河口付近に立地しており、織田信長との戦では、同盟相手の毛利家から水運を使って物資の提供を受け、長らく抵抗した。

結局、石山本願寺が和議に応じたのは、信長の水軍に補給路が断たれてからだった。

水城の弱点としては、敵に水上を制圧されると敵が簡単に侵入してくることだろう。

また、海城の場合に限るが、暴風・高波の影響をもろに受けるうえ、潮による建物の傷みが早い点が挙げられよう。

次項からはいよいよ、戦国の世を彩った名城たちを紹介していく。

海城の場合、建物の腐食が早いのはマイナスポイントだ
水源から簡単に水を引き、天然の水堀を巡らした
CGは滋賀県の水城・坂本城である

第三章◆戦国30名城紹介

天下人が築いた戦国最大の城郭

大坂城《おおさかじょう》

CGで蘇る戦国の城 1

大坂城

DATA

築城年……1583（天正11）年
築城者……豊臣秀吉
種類……平山城もしくは平城
遺構……徳川家によって廃城
所在地……大阪府大阪市中央区

信長と同様、秀吉も一時は天守で寝起きしていた。黄金の茶室も有名だ

大坂城の縄張り。城下町全体を堀が囲む「総構え」であることがわかる

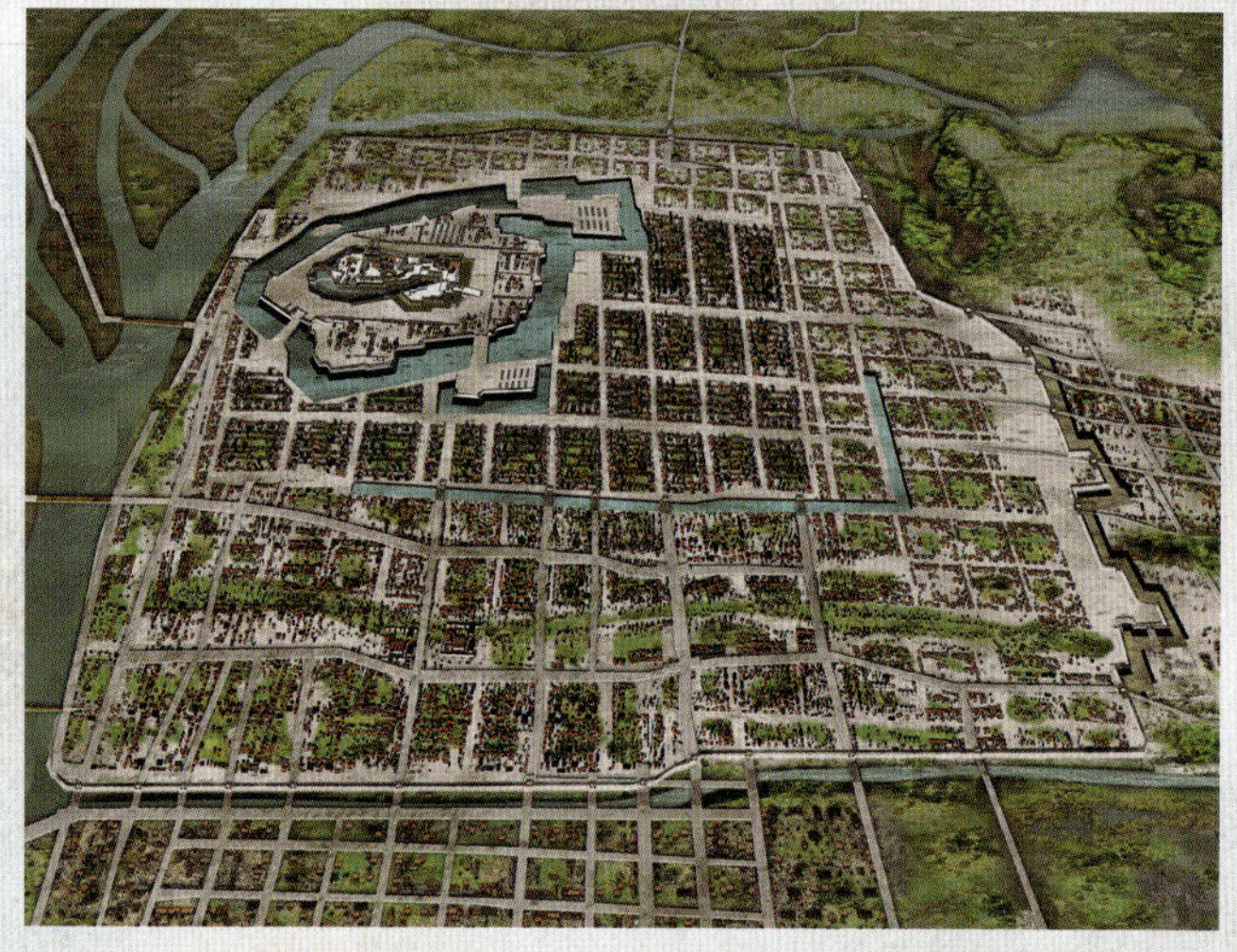

建設中の大坂城。本丸部分はわずか1年半という突貫工事で完成している

亡き主君の遺志を継いだ

1583（天正11）年、織田信長の後継者争いに勝利した豊臣秀吉は、本拠を大坂上町台地に定め、空前絶後の大城郭、大坂城の建設を開始する。

本丸は1年半後、続いて天守や御殿、二の丸や外堀が完成し、安土城をもしのぐ威容を持つ城が完成した。

絵画資料しか残されていないため、詳細は明らかではないが、西は大坂湾に守られ、三重の堀が二の丸、三の丸とともに本丸と城下町を囲う、いわゆる「総構え」の城だったといわれている。

秀吉は大坂城を拠点として徳川家康や北条氏政、島津義久といった各地の大名を屈服させ、ついに天下統一を成し遂げた。

戦国の世とともに葬られる

しかし海外遠征となる「朝鮮出兵」の最中に秀吉が亡くなると、にわかに豊臣家に逆風が吹き始める。

家康が「関ヶ原の戦い」で豊臣家家臣・石田三成を破ると、時代の趨勢は一気に徳川家に傾いていく。

1614（慶長19）年、家康は徳川になびいた全国の諸将を総動員し、20万という大軍勢で大坂城を包囲した。「大坂冬の陣」の始まりである。城には「関ヶ原の戦い」で没落した大名や浪人が参集し迎え撃った。さすがは天下の名城。真田幸村が大坂城

徳川軍の大軍を「真田丸」で迎え撃つ真田幸村。「日本一の兵」と称された

大砲で砲撃される大坂城。音に驚いた淀殿が和議を主張したという説も

「大坂冬の陣」後、埋め立てられる外堀。櫓や城下の民家も壊して埋めた

の南方に築いた巨大な出丸「真田丸」の活躍もあって、家康の攻撃に持ちこたえた。

そこで家康は「城の外堀を埋めること」を条件に偽りの和議を持ちかけ、本丸周りを除いて徹底的に堀を埋め立て、城の総構えを破壊してしまった。

裸城となってしまった大坂城に立て籠もっても勝機はないと見た豊臣方は「大坂夏の陣」において、城から打って出た。

毛利勝永、真田幸村といった猛将が兵力差を覆す大活躍を見せたものの、多勢に無勢。秀吉の遺児・秀頼と未亡人・淀殿は自害し、豊臣家は滅亡した。

徳川家は豊臣家の栄華を完全に消し去るかの如く、城址に大量の盛り土をして新たな城を築いたのだった。

現在の大坂城

現在見ることができる天守は1931（昭和6）年に再建された復興天守だ

伏見城《ふしみじょう》

秀吉の隠居城にして大玉砕の舞台

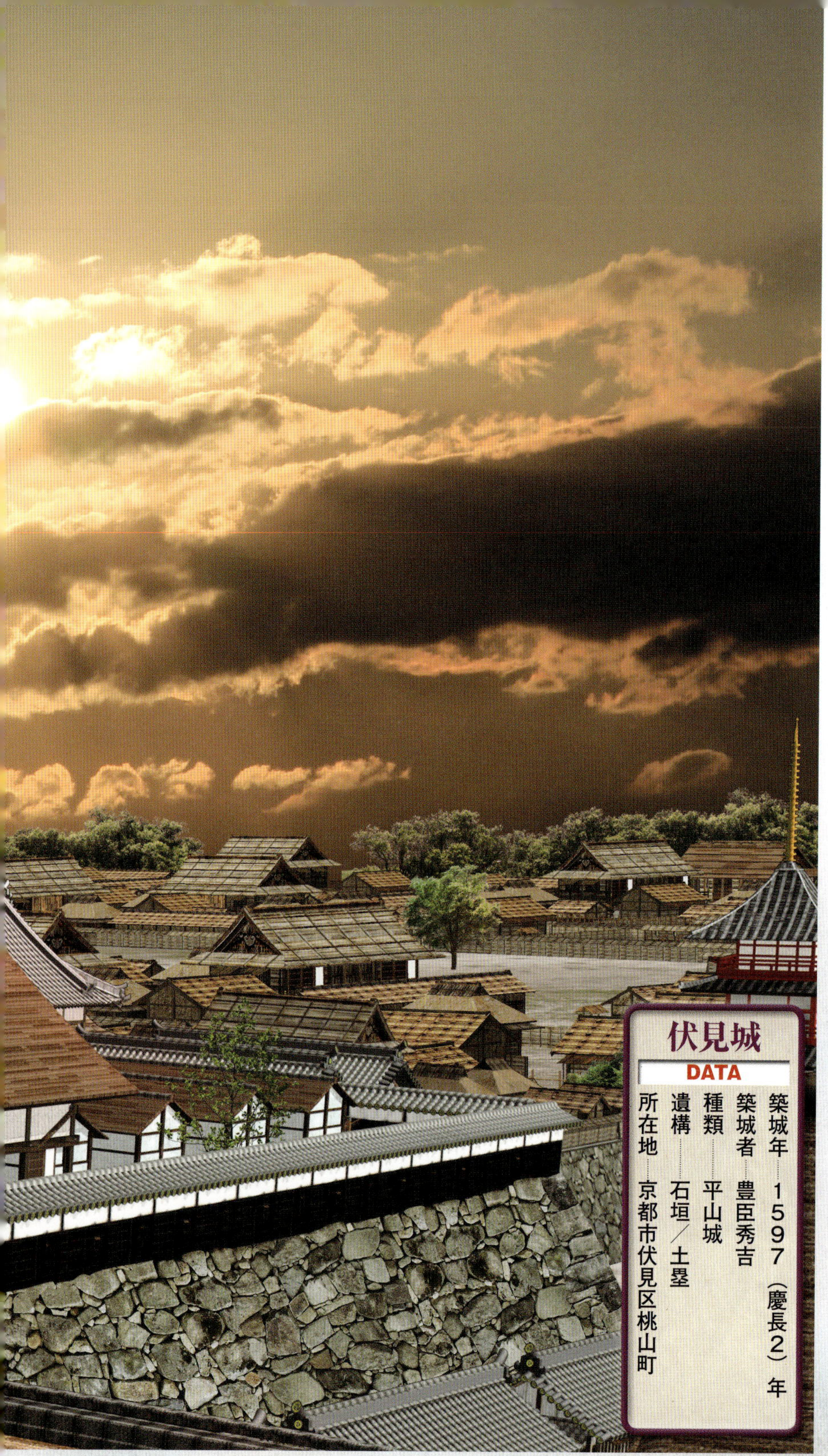

伏見城
DATA
築城年……1597(慶長2)年
築城者……豊臣秀吉
種類……平山城
遺構……石垣/土塁
所在地……京都市伏見区桃山町

秀吉の豪華なる終の棲家

「伏見城」と呼ばれる城は、実は3つ存在する。1592(文禄元)年に豊臣秀吉が京都に築いた「指月《しげつ》山伏見城」、それが大地震によって倒壊したので再建した「木幡《こばた》山伏見城」、最後がその落城後に徳川家康が復興したものだ。

本項で扱うのは2番目の木幡山伏見城だ。倒壊をうけて、短期間での突貫工事だったが、本丸、二の丸、松の丸、西の丸などの曲輪を連結させた実戦的な城郭だった。

それだけではなく、豪華な御殿や茶亭も備え、聚楽第をはじめ多数の文化的な建築物が移築されるなど、秀吉の生涯の集大成のような城であった。

鳥居元忠の壮絶な最期

秀吉の死後は家康が本拠としていたが、「関ヶ原の戦い」前夜、主人が会津征伐に出陣して留守にすると、にわかに戦火に巻き込まれることになる。

決起した石田三成にとって、伏見城は敵のいわば前哨基地だった。家康もその重要性を認識しており、自身の幼少期から付き従う股肱の老臣・鳥居元忠を置いていた。

城を守るのはわずかに1800人ほど。対する西軍は宇喜多秀家を中心とした4万人の大軍勢だった。しかし、圧倒的な兵力差にもひるむことなく、元忠は奮戦し攻め手を寄せ付けなかった。

1週間が過ぎても落ちる気配のない伏見城を前に、西軍は真正面からの攻撃を諦め、伏見城内の忍者集団・甲賀衆を人質を使って寝返らせる作戦に出た。

これに応じた甲賀衆は夜陰に紛れて城内に放火し、城門を開けてしまった。なだれ込む西軍の大軍に最後の抵抗を試みた元忠だったが、ついに力尽きて討ち取られた。

伏見城も元忠に殉じ、城も城下もすべてが戦火で失われてしまったのだった。

その後は家康によって再建され、一説によると彼が征夷大将軍に任命された場所は、伏見城だったといわれている。

しかし、それも「一国一城令」によって廃城になってしまい、城のパーツは全国の城や寺社にバラバラに移築されたという。

現在の伏見城

京都源光庵にある「血天井」。鳥居元忠が自害した床板だと伝わっている

岐阜城《ぎふじょう》

信長が天下布武を宣言した山城

岐阜城

DATA

築城年……1201（建仁元）年
築城者……二階堂行政
種類……山城
遺構……曲輪／石垣／土塁他
所在地……岐阜県岐阜市金華山

わずか十数人で落城！

岐阜城といえば織田信長が天下取りへの意志を明確に示す「天下布武」を打ち出した城として有名だが、その歴史は非常に古く、鎌倉時代の1201（建仁元）年に築城されている。

いったん廃城になるも、美濃守護代の斎藤利永によって修復された。やがて「下克上」の代名詞として語られる戦国大名・斎藤道三の手に渡り改修を受け、「稲葉山城」として斎藤家の居城になる。

山上に位置する難攻不落の城のようだが、多くの兵を入れられないし、水も貯めておけないため、籠城戦には不向きだった。

斎藤家当主が3代・龍興《たつおき》の時分のこと。家中きっての切れ者・竹中半兵衛は酒色に溺れる主君を諫言しようと、わずか十数人で城を乗っ取ってしまったという。真偽は別にして、よほど脆弱だったのだろう。

半兵衛の諫言むなしく、信長に攻められた稲葉山城は、1度は撃退するものの、2度目は豊臣秀吉の奇襲を受けてあっさり落城してしまった。

1567（永禄10）年、信長はこの地に本拠を移し、稲葉山城の名を「岐阜城」と改めた。由来は古代の中国で、周の文王が岐山から天下を平定したことからきている。

岐阜城は安土城に移るまでの10年間、一貫して信長の根拠地となり、その名に恥じず覇業の司令塔としての役割を担った。

またしてもあっさり落城

「本能寺の変」の後は、三男・信孝の居城となったが、秀吉に攻められて降伏した。「関ヶ原の戦い」のとき、城主は信長の孫にあたる秀信で、西軍に与していた。西軍の首脳は、東海道から西進する東軍を岐阜城で足止めするつもりだった。

　ところが秀信は敵軍が迫ると血気にはやり、自ら軍を率いて出陣した。東軍の先頭に立つのは福島正則・池田輝政といった歴戦の将で、秀信はひとたまりもなく撃破されてしまう。

　結局、岐阜城はわずか1日で落城し、天下分け目の戦いで存在感を示すことはできないまま、廃城となってしまった。

現在の岐阜城

現在建っている天守は、２度失われたあとに、太平洋戦争後再建したもの

天下人秀吉の出世への足がかり

墨俣城

すのまたじょう

機転を利かせて難題に対処

稲葉山城攻略に着手した頃、信長はひとつの難題に頭を悩ませていた。

美濃進出のためには、国境付近の長良《ながら》川と木曽川が合流する墨俣に橋頭堡を築く必要があった。

しかし、渡河に手間取っている間に、斎藤龍興の手勢が駆けつけ築城を妨害するため、作業が遅々として進まなかったのだ。

この状況をチャンスと見て、名乗りをあげたのが、当時木下藤吉郎と名乗っていた豊臣秀吉である。

秀吉は機転を利かせ、木曽川のはるか上流で木を伐採・加工してから墨俣に向けて流した。そして、水運業者の手を借りて夜間のうちにこの木材を引き揚げ、一夜にして墨俣城を築いたという。

これらの逸話は秀吉の英雄譚として有名だが、実はどこまでが真実か定かではない。

もっとも、秀吉が美濃攻略にあたって功績があったのは間違いない。

織田家が斎藤家を滅ぼすと、役割を終えた墨俣城は廃城になったとされる。

町興しに担ぎ出される

すっかり城郭が失われた墨俣城だが、現代になって思わぬ役割を与えられる。

1988（昭和63）年、当時の竹下登内閣は「ふるさと創生資金」として、全国の市町村に1億円ずつを交付した。

墨俣城があった墨俣町は秀吉の逸話を町興しに利用すべく、1億円で四層六階建ての天守を持つ〝墨俣城〟を建設した。上部には金の鯱が鎮座し、内部は「墨俣一夜城歴史資料館」になっている。

もちろん、史実とはかけ離れた城だが、資料館では築城の様子をはじめ、地元の歴史資料や風土に触れることができる。

墨俣城

DATA

築城年……1566（永禄9）年
築城者……豊臣秀吉
種類……平城
遺構……廃城により消失
所在地……岐阜県大垣市墨俣町

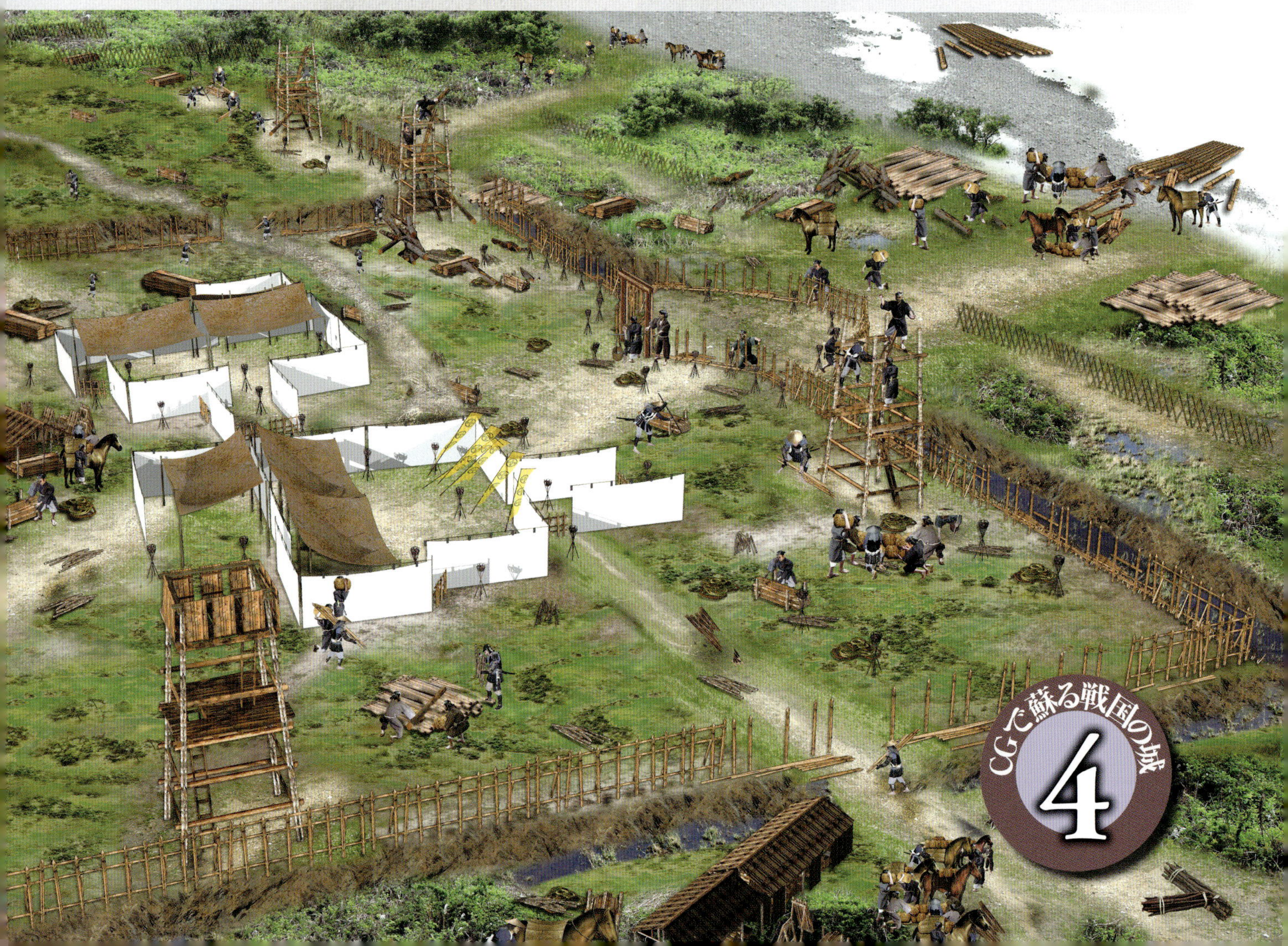

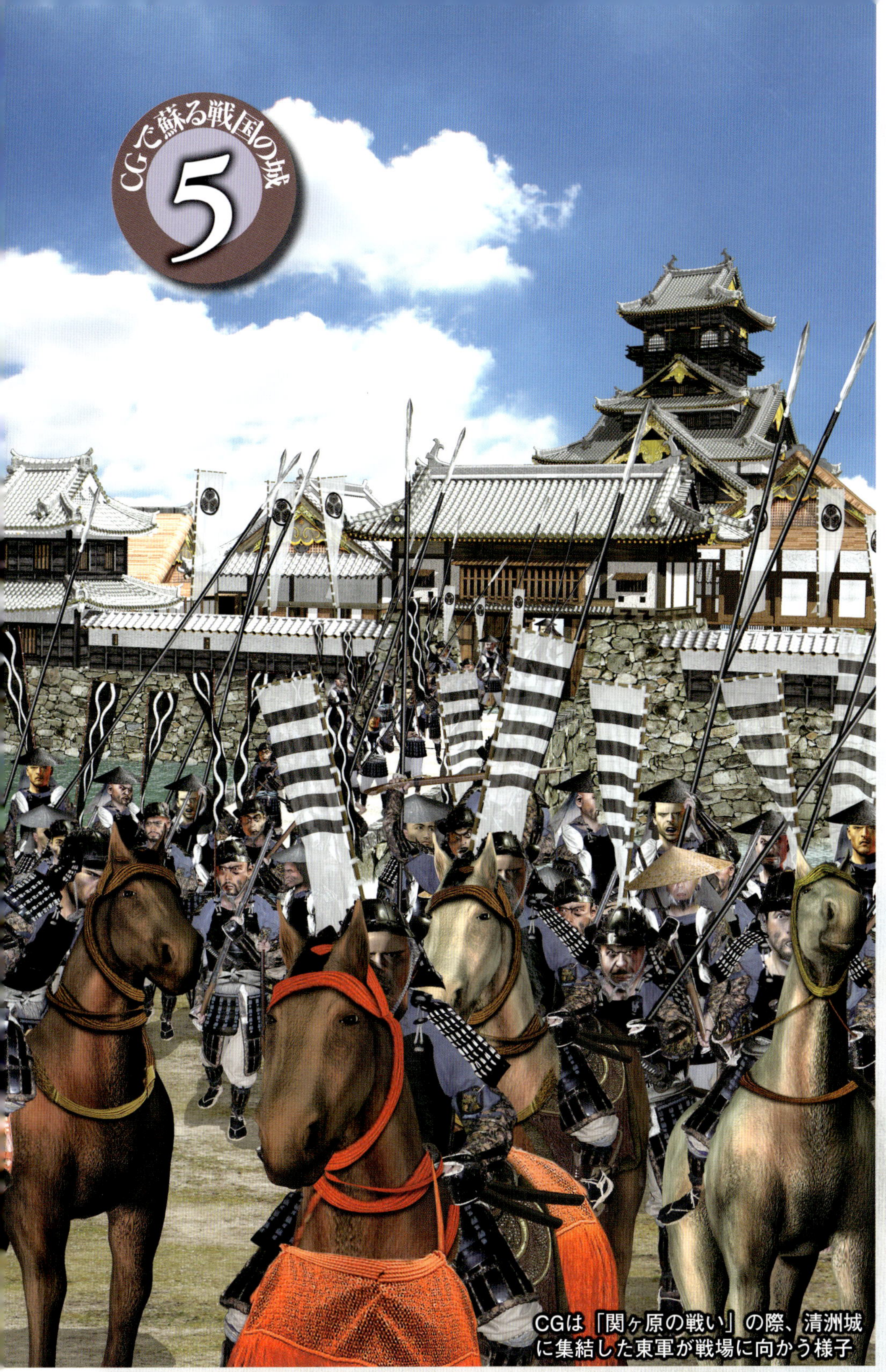

CGは「関ヶ原の戦い」の際、清洲城に集結した東軍が戦場に向かう様子

清洲城《きよすじょう》

織田家の歴史を見守り続けた城

清洲城 DATA

築城年……1405（応永12）年
築城者……斯波義重
種類……平城
遺構……土塁／石垣の一部
所在地……愛知県清須市一場

何度も歴史の証人になった

清洲城は1405（応永12）年に尾張守護の斯波《しば》義重《よししげ》によって築城された。守護代の織田家が治めるようになるのは、戦国時代に入ってからである。

信長が生まれたのは「織田弾正忠家」で、清洲城は「織田大和守家」の居城だった。信長が家督を相続した頃は守護代の信友が入っていたが、信長は親戚と結んでこれを謀殺し、清洲城を本拠とした。

信長は清洲城を大改修。本丸には天守を築き、櫓などの防衛施設も整備して、さらに石垣も導入して強化に努めた。

以降は織田家の栄枯盛衰を見守り続けた。「海道一の弓取り」と称された今川義元が1560（永禄3）年に大兵力で西進してきたときは、信長は清洲城から出撃し、奇跡的な勝利を収めた。

1562（永禄5）年には、信長と徳川家康との間で「清洲同盟」が結ばれ、織田家の後方の守りは盤石となった。

20年後、「本能寺の変」で信長が死を遂げると、ここ清洲城で「清洲会議」が行われる。信長亡き後の家督、領土の分配について議論が交わされ、豊臣秀吉が政局の主導権を握ることになった。

清洲城はいったん信長の次男・信雄の手に渡ったのち、豊臣秀次、福島正則を挟んで徳川家に引き継がれ、名古屋城完成の後に役割を終え、廃城となってしまった。

北ノ庄城

きたのしょうじょう

七層の天守があった北陸の巨城

北ノ庄城

DATA

築城年……1575(天正3)年
築城者……柴田勝家
種類……平城
遺構……改築により消失
所在地……福井県福井市大手

軍神と対峙した巨大な城

北ノ庄城は、織田家随一の猛将・柴田勝家が越前の一向一揆を平定した功績で与えられた同国北ノ庄に、自ら築いた城である。城は足羽《あすわ》川と吉野川の合流地点に築かれ、堀の一部には足羽川を使用。七層の天守を備える巨大な城であったという(CGでは五層七階として再現)。

宣教師のルイス・フロイスが1581(天正9)年に北ノ庄を訪問しているが、「城や屋敷の屋根が、ことごとく立派な石で葺《ふ》かれていて、それが一層城の美観を増した」と書き残している。

この「立派な石」は、城に近い足羽山で産出される笏谷石《しゃくだにいし》のことだと推定される。青緑色をしており、水に濡れると深い青色に変化した。城の知名度こそ低いものの、当代屈指の名城だったはずだ。

築城主の柴田勝家は、信長の尾張時代からの重臣で、主要な合戦では必ず先鋒を任された。

北陸を任されるようになった勝家が対峙したのが、「軍神」と称された上杉謙信。信長からの信頼のほどが窺える。

勝家は、一度は侵攻を許すものの、上杉家と連携する一向一揆の拠点を滅ぼし加賀を平定する。

さらに能登・越中まで進出するなど、着実に武功を積み重ね、「本能寺の変」勃発の頃には、勝家は筆頭家老となっていた。

お市の方とともに焼失

ところが、憎き主君の仇・明智光秀を討ったのは、北陸で手間取っていた勝家ではなく、以前から不和だった豊臣秀吉だった。織田家の今後を決める「清洲会議」でも秀吉に主導権を握られたまま、後継者は勝家が推す信長の三男・信孝ではなく、嫡孫・三法師に決まった。

勝家は信孝や滝川一益といった諸勢力と組んで秀吉と戦うが、「賤《しず》ヶ《が》岳《たけ》の戦い」に敗れてしまい、妻で信長の妹・お市の方とともに北ノ庄城で自害した。

城には火が放たれ、跡地にはのちに結城家が福井城を築いたため、現在では遺構も見ることができない。

現在の北ノ庄城

現地の天守跡。現在見られる遺構は結城家によって築かれたものである

忍城《おしじょう》

秀吉の関東征伐に最後まで耐える

忍城
DATA

築城年……1478(文明10)年
築城者……成田正等・顕泰
種類……平城
遺構……土塁/堀/移築門
所在地……埼玉県行田市本丸

関東七名城に数えられる

忍城は「関東七名城(川越城・厩橋《まやばし》城・金山城・唐沢山城・宇都宮城・多気城・忍城)」のひとつ。

1478(文明10)年頃に、土着の豪族であった成田家が忍一族を滅ぼし、城を築いたといわれている。

以降は成田家が領有し、関東の雄・北条家と南下してくる関東管領・上杉謙信との間で従属と離反を繰り返し、落城することなく、しぶとく乱世を渡っていく。

1574(天正2)年に上杉謙信に包囲されたときも、城下に火を放たれたが、持ちこたえている。

織田信長の所領を引き継いだ豊臣秀吉が各地の有力大名の討伐を始めたときは、北条家に属していた。

水攻めをものともせず

1590(天正18)年、秀吉による「関東征伐」が始まり、北条家の本拠地・小田原城が攻められたことから、成田家当主・氏長は忍城を出て小田原に向かう。

残されたのは、急死した城代の息子・長親と2700余のわずかな兵。それも庶民や女子どもが混じっていた。

対する秀吉は子飼いの将・石田三成が率いる2万6000人を派兵する。

圧倒的な兵力差だったが、忍城は頑強に抵抗し、落ちる気配を見せない。そこで、

三成は忍城を望む丸墓山古墳に本陣を置き、城の周囲を堤防で包囲。そのうえで川の流れを引き入れ、水攻めを敢行したのだ。

忍城は丸ごと水びたしになったものの、高く造られた本丸部分は健在で、まるで水上に浮いたように見えたことから「浮き城」と称された。

それでも城兵は抵抗を続ける。

結局、先に北条家の本拠地である小田原城が音を上げて落城。北条家の城としてはただ一城だけ最後まで持ちこたえ、その堅城ぶりを天下に知らしめたのだった。

江戸時代は忍藩の城として存続するも、明治時代の「廃城令」によって潰されてしまった。現在では土塁と堀が、かろうじてかつての面影を伝えている。

現在の忍城

現在は鉄筋コンクリート製の櫓が博物館の一部として外観復興されている

小田原城《おだわらじょう》

戦国最強の呼び声高い北条の牙城

小田原城
DATA

築城年	15世紀半ば
築城者	大森家
種類	平山城
遺構	本丸／二の丸／堀他
所在地	神奈川県小田原市

代を経るごとに強化される

小田原城の歴史は古く、原型は平安時代に八幡山《はちまんやま》山頂近くに築かれた館で、戦国時代になると大森家が居城とした。

これに目をつけたのが、地方の小領主から智謀を駆使して伊豆を平定し、相模をも窺おうとしていた北条早雲であった。早雲は大森家に取り入り、信頼されたところで城を乗っ取ってしまう。

小田原城を奪取した北条早雲は、これを相模進出の拠点とし、その子で2代目の氏綱は本拠地として定め、拡張を開始した。

八幡山の山頂にとどまっていた縄張りは拡張され、麓にかけて何層もの曲輪が築かれた。

3代目の氏康の時代になると二の丸、三の丸も完成。名将として知られた氏康は、1546（天文15）年、上杉憲政・上杉朝定・足利晴氏の三者連合軍およそ8万で所領に攻め入られた際、わずか1万で夜襲を敢行しこれを撃破する。

この「河越夜戦」での勝利をきっかけとして、関東の覇者となった北条家は、ついに上杉謙信・武田信玄という戦国時代を代表する大名としのぎを削るようになる。

彼らは双方とも小田原城を攻撃しているが、いずれも攻略できずに撤退。まさに難攻不落の城であった。

4代目・氏政の頃には、城下町ごと土塁と堀で囲む「総構え」が完成し、全長は9

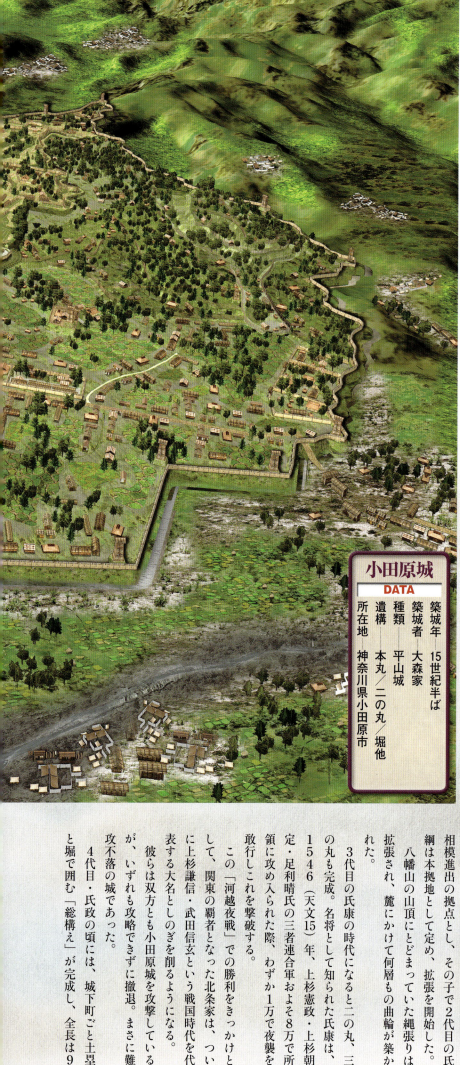

キロに達していた。

天下人対難攻不落の名城

天下統一目前の豊臣秀吉による「関東征伐」に対しても、小田原城に絶対的な自信を持つ北条家は、籠城戦の道を選択する。

ところが秀吉は20万に達したといわれる大軍勢で城をぐるりと囲むと付城（敵城を包囲する際に臨時に建てる城）を築き、何年でも包囲する構えを見せた。

さしもの小田原城といえど、無尽蔵の兵站と兵力を持つ秀吉の前には歯が立たず、支城もほとんど陥落したため、降伏した。

やがて江戸時代には縄張りが大幅に縮小され、明治時代の「廃城令」で破却された。現在鑑賞できるのは、復興されたものだ。

現在の小田原城

かつて存在した天守では３代将軍・徳川家光も訪れて眺めを楽しんだという

CGで蘇る戦国の城 9

会津若松城《あいづわかまつじょう》

名将の手によって天下の名城へ

会津若松城

DATA

築城年	1384（元中元）年
築城者	蘆名直盛
種類	平山城
遺構	石垣／土塁／堀
所在地	福島県会津若松市追手町

地形を活かした本丸を水堀が囲み城下町を守る「総構え」も備えていた

東北へ睨みをきかせる

会津若松城は南北朝時代の武将である蘆《あし》名直盛《なおもり》によって原型が築かれた。

やがて戦国時代、蘆名家は奥州の覇者に名乗りを上げた伊達政宗と激しく対立し、「摺上原《すりあげはら》の戦い」で敗れて滅亡する。

政宗はこの地を手に入れたものの、すでに中央は豊臣秀吉の天下となっており、「奥州仕置」によって転封されてしまった。

代わりに入城したのが知勇兼備の名将といわれた蒲生氏郷《がもううじさと》。もとは信長に見出され、のちに秀吉に従った武将である。

彼は地名を黒川から若松に改めると、16ヶ所もの城門を設置して城下町を整備、石垣をふんだんに使って七層の天守を設置するなど、5年も経たずに会津若松城を東北有数の大要塞に生まれ変わらせた。

秀吉にとって、この地は重要な意味を持っていた。不気味な政宗や、その親戚の最上家、関東に目を向ければ「ポスト秀吉」の座を狙う徳川家康など群雄割拠だった。氏郷であれば、彼らを牽制できると踏んだのだったが、氏郷は、1595（文禄4）年に、40歳という若さで病死してしまう。

代わりに入城した上杉景勝は秀吉の期待通り、その死後も豊臣家のために尽くしたが「関ヶ原の戦い」に敗れてしまった。

その後は加藤家を経て徳川秀忠の四男・保科正之が入城。会津若松城は豊臣家から徳川家を守護する存在に変わったのだった。

砲弾の雨を耐え抜いた

時は流れて、江戸時代末期。

会津藩は親藩として、徳川将軍家から最も頼りにされる藩のひとつとなっていた。

当主の松平容保《まつだいらかたもり》は京都守護職の地位にあって新撰組を使い、薩摩・長州藩の尊皇攘夷勢力と激しい暗闘を繰り広げた。

やがて新政府軍と旧幕府軍との全面戦争「戊辰《ぼしん》戦争」が始まると、容保の会津若松城は怨敵として特に激しい侵攻を受ける。

会津若松城は、なんと1日に2500発という砲弾の雨を浴び、激しく損壊した。

会津藩が力尽きて開城後は、いったん取り壊されたものの、古写真をもとにした天守が1965（昭和40）年に復元された。

現在の会津若松城

当初は瓦の色は赤くなかったが江戸期に近付けるために葺き替えられている

外国人を驚愕させた独眼竜の城

仙台城《せんだいじょう》

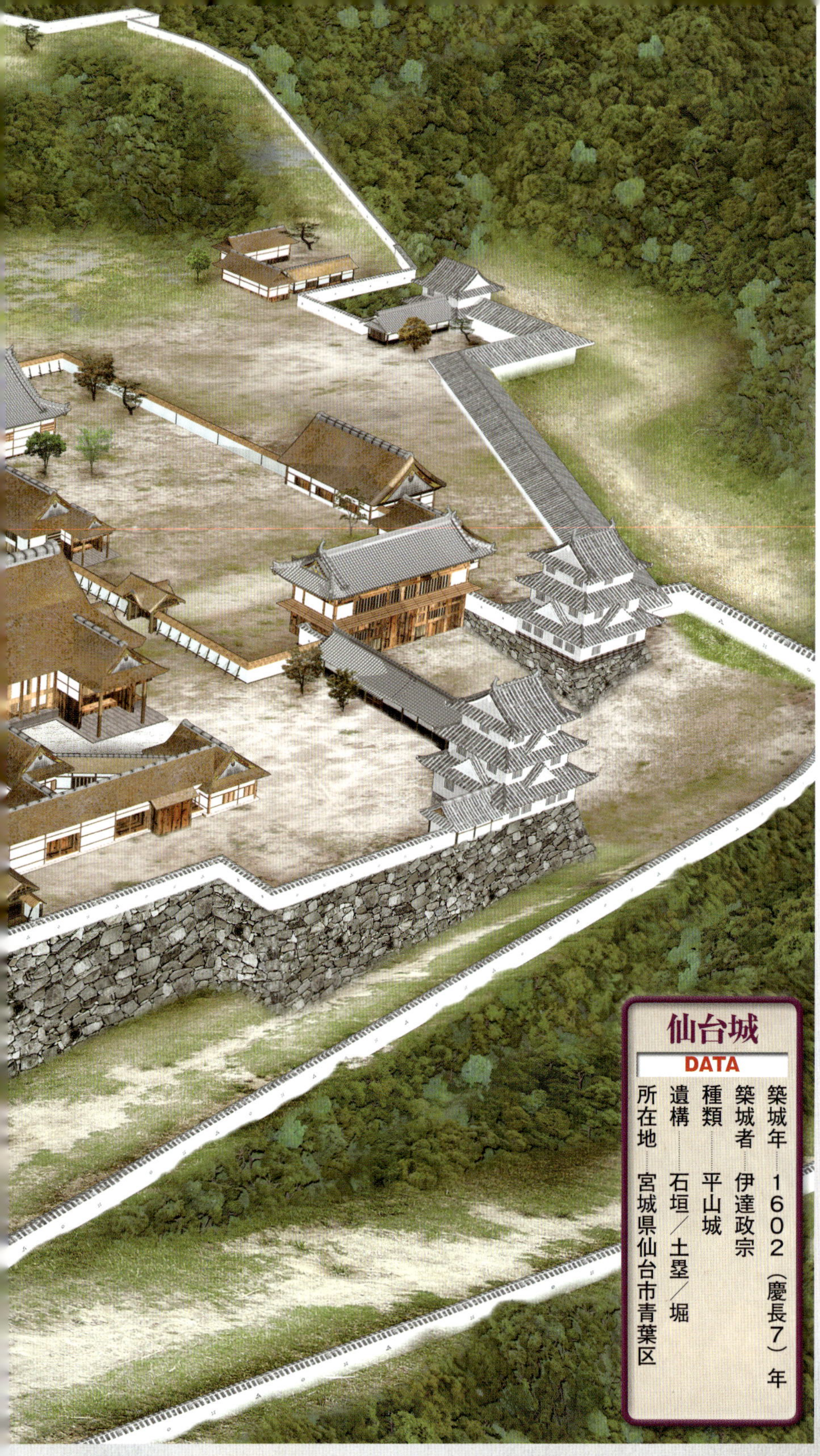

仙台城

DATA

築城年――1602(慶長7)年
築城者――伊達政宗
種類――平山城
遺構――石垣/土塁/堀
所在地――宮城県仙台市青葉区

国内最大規模の本丸を持つ

仙台城が築かれている場所には、もともと千代《せんだい》城という山城があった。奥州島津家の居城だったが、戦国時代には大崎家を挟み、伊達政宗の叔父・国分盛重が入った。「関ヶ原の合戦」後、政宗はこの地を本拠地とすることにして築城を始め、地名も「仙台」と改めた。

仙台城は青葉山の山頂に本丸を置き、東側は川、西側は山林、南側は峡谷が囲むという天然の要害を利用した平山城だ。

さらに周囲は大規模な石垣と土塁で囲まれ、本丸の規模は国内最大級だった。

この地を訪れたスペインの使節セバスティアン・ビスカイノは「日本の最も勝れ、又最も堅固なるものの一つ」と絶賛した。

しかし、政宗は徳川家康から警戒されていることを自覚していたため、配慮して天守や二の丸、三の丸は築かなかった。

遅れてきた野心家・政宗

「独眼竜」と恐れられた政宗だが、生まれたのは、1567(永禄10)年のこと。

すでにその頃には織田信長が台頭しており、政宗が周辺の勢力を一掃して奥州の覇者となった頃には、すでに豊臣秀吉の天下統一事業は大詰めを迎えていた。

秀吉と、続いて天下人となった家康は、自分たちに匹敵する実力と野心、そして何より若さを兼ね備えた政宗を極度に警戒し、

動向に目を光らせていたのだ。

ちなみに、仙台城の本丸御殿の大広間は、約430畳に及び、将軍や天皇家を迎えることのできる上々段の間が設けられており、政宗の野望の一端が見え隠れしている。

政宗時代は本丸だけだった城は、2代目仙台藩主・忠宗の代になると、ようやく二の丸・三の丸が造営され、二の丸の御殿は藩の中枢として機能した。

仙台藩はお家騒動に見舞われ改易の危機もあったものの、明治維新まで270年の長きにわたって仙台城を居城とし続けた。

その後は幾度も震災や戦禍に遭って、遺構のほとんどが失われてしまった。

現在、本丸は公園となっており、藩祖・政宗の眼光鋭い銅像が鎮座している。

現在の仙台城

本丸跡地の政宗の騎馬像。実は一度戦時中に供出されており、2代目である

安土城《あづちじょう》

信長の夢とともに散った幻の名城

CGで蘇る戦国の城 11

安土城

DATA

築城年　1576（天正4）年
築城者　織田信長
種類　平山城
遺構　曲輪／石垣／堀他
所在地　滋賀県近江八幡市安土町

安土城天守。権力の象徴である金箔瓦が初めて使用された例だという
復元監修：竹林舎建築研究所 宮上茂隆

安土城の縄張り全景。琵琶湖の水運と安土山を見事に利用した大城郭である

本丸の御殿も豪華だった。天皇を迎えるための「御幸の間」があったという

統一事業のしめくくり

織田信長が安土城の築城を始めたのは、仇敵である浅井長政、朝倉義景を滅ぼし、武田信玄の後継者・勝頼に勝利した頃だ。

本拠地だった美濃と、京の間にある近江安土山に、新たな拠点を造ることを構想したのである。

ここは東海道と北陸道が交差する要衝地であり、領土が広がった信長にとって、各地の事変に機動的に対処できる位置だった。

総奉行は重臣・丹羽長秀。織田家の財力を総動員し優秀な人材をかき集め、工事には日々3000人が従事した。

安土山を丸ごと城郭にしてしまったことも画期的だったが、なんといっても目を引いたのは、山頂の本丸にそびえた豪華絢爛な天守（安土城のみ天主と呼ばれていた）。

宣教師ルイス・フロイスも「ヨーロッパのどの城よりも広大で、豪華なものだ」と感嘆している。天守は五重七階構成で、青、赤、白と各階で異なる色で塗られ、最上階は金色で、屋根には鐘があったという。

そして信長は、この安土城を民衆に開放してみせた。領国内に「誰でも自由に城を見物して良い」と布告したのだ。

人々はそびえ立つ天守を見て「信長の天下」の到来が、すぐそこまで来ていることを実感したことだろう。

すべてが炎とともに消えた

本能寺に攻め込む明智光秀軍。堀も備えていたが、多勢に無勢であった

炎上する本能寺。火薬が爆発したためか、信長の遺体は発見されなかった

炎に包まれる安土城天主。一説には混乱に乗じた野盗の仕業であるという
復元監修：竹林舎建築研究所 宮上茂隆

ところが、安土城が完成してからわずか3年後、京で「本能寺の変」が勃発。

重臣・明智光秀が突如裏切り、信長が宿泊する本能寺に攻撃をかけたのである。その理由は現在でも謎に包まれている。

「是非もなし」。そう口にすると信長は自刃し、49歳の生涯を終えた。

安土城も光秀軍の手に落ちる。

その後、「中国大返し」を敢行して引き返してきた豊臣秀吉が、「山崎の合戦」で光秀を破り主君の仇をとった。

安土城の天守を含む本丸で火の手があがったのは、ちょうどその頃である。

火を放ったのは、光秀一門の明智秀満とも、信長の次男・信雄ともいわれるが、真相は定かではない。

現在の安土城

再現された大手道。石垣は出土した実際に使われた石を使うこだわりようだ

本能寺の変で灰塵に帰した

二条城《にじょうじょう》

いくつもあった二条城

戦国期の京都には、「二条城」と呼称された城が複数ある。

まずは、室町幕府の13代将軍・足利義輝の居城だったが、松永久秀らに落とされてしまった城。

次に、その弟・義昭が上洛した織田信長に造ってもらった城。こちらはのちに信長と仲違いした義昭が蜂起したことによって、織田軍に攻められ落城した。

その際に残った天守や門は解体されて、築城中の安土城に転用されている。

信長の嫡男・信忠最期の地

本項で扱うのは、1576（天正4）年、京都に滞在した信長が、公家の二条家邸の庭の眺望を気に入り、上洛時の宿所とするために改修した「二条城」である。

翌年には入邸し、以後2年ほどは「二条御新造」といわれたこの二条城に居住し、上洛時の宿所として使用した。

しかし3年後には、この屋敷を当時の皇太子・誠仁《さねひと》親王に献上。親王のその皇子が移住したことで二条城は「二条御所」と呼ばれることになる。

1582（天正10）年、「本能寺の変」が勃発。信長の後継者と目されていた嫡男・信忠は二条城の隣の妙覚寺に宿泊しており、変を知るとすぐさま父のもとへ急行。

しかし、そこへ二条城の改修を担当した重臣・村井貞勝らが現れ、すでに本能寺が炎上したことを報告、堅牢な二条城に籠城するよう進言した。

信忠は二条城の誠仁親王らを逃がした後、改めて明智光秀軍と対峙した。

信忠は覇王の子に恥じぬ武勇の持ち主で、何度か攻め手を撃退する場面もあったというが、大軍の前に力及ばず自害。

二条城は妙覚寺とともに灰塵に帰した。

二条城

DATA

築城年……1577（天正5）年
築城者……織田信長
種類……平城
遺構……落城により焼失
所在地……京都市中京区室町通御池上ル

CGで蘇る戦国の城
12

安土城にも通じる近世城郭

小牧山城《こまきやまじょう》

小牧山城
DATA
築城年　1563（永禄6）年
築城者　織田信長
種類　山城
遺構　曲輪／井戸／土塁／石垣
所在地　愛知県小牧市堀の内

随所に見られる信長らしさ

小牧山城は、織田信長が「桶狭間の戦い」で今川義元を破ったのち、美濃を攻めるべく、清洲城より北方に築いた新たな居城だ。奉行を命じられたのは、のちに安土城も手がけることになる丹羽長秀。小牧山城は小牧山の山頂部に曲輪を連ね、三層からなる天守も備えていた。

家臣団はもとより商家も移住させたので、城下町は清洲をもしのぐ発展をみせた。

しかし慣れ親しんだ清洲から移り住むことには家臣団から抵抗があった。そこで信長は一計を案じ、当初は小牧山よりさらに北方の二宮山に本拠を移すと通達し、不満の声が渦巻いたところで、移転先を小牧山に変更すると伝えた。すると反対の声は小さくなり、すんなり移転できたという。

移転後、信長は小牧山城から美濃への進撃を始め、1567（永禄10）年に稲葉山城を落とす。

居城にこだわる戦国大名は多いが、信長は役割を終えた小牧山城をあっさりと廃城にしてしまった。

再び、歴史の表舞台に小牧山が登場するのは、信長の死後に豊臣秀吉と徳川家康が雌雄を決さんと戦った「小牧・長久手の戦い」。家康は小牧山の城址を利用して砦を築き、勝利に繋げた。

なお現在は、小牧山の山頂には「小牧城（小牧市歴史館）」がそびえ立っている。

CGで蘇る戦国の城 14

江戸城《えどじょう》

日本の首都に鎮座する東京城

江戸城

DATA

築城年　1457（長禄元）年

築城者　太田道灌

種類……平城

遺構……石垣／土塁／堀／門他

所在地　東京都千代田区千代田

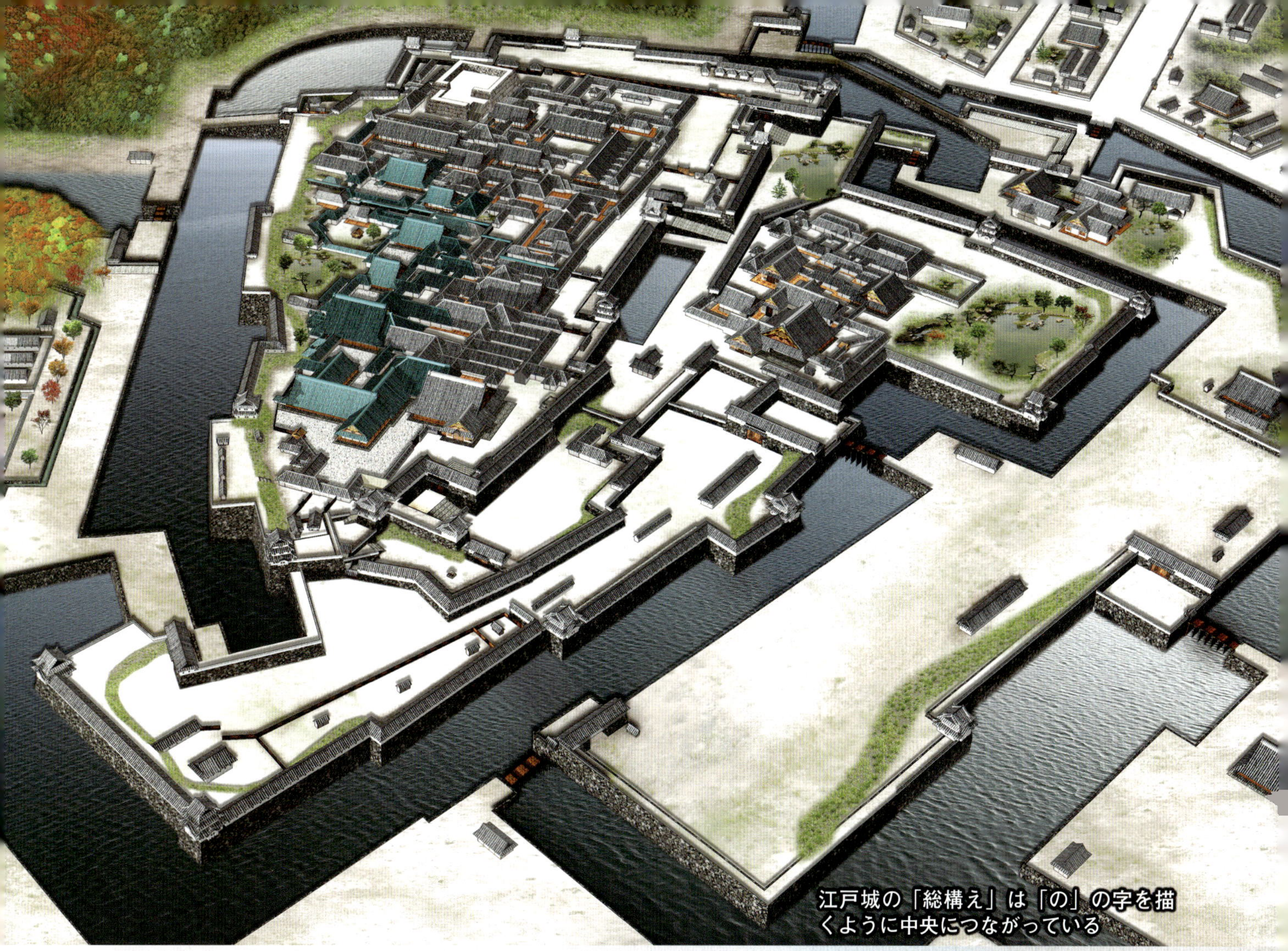

江戸城の「総構え」は「の」の字を描くように中央につながっている

雌伏の末に築かれた巨城

江戸城は15世紀半ばに扇谷《おうぎがやつ》上杉家の重臣・太田道灌《おおたどうかん》が築城した城である。道灌の主家が北条家に滅ぼされると、その所有となり、豊臣秀吉の天下統一後は、徳川家康が入城する。

これは望んだ転封ではなく、家康から先祖伝来の土地である三河や、少しずつ切り取った甲斐・信濃を取り上げるものだった。

しかし、ここでへこたれないのが家康であり、土塁しかなかった江戸城に将来性を感じ、ここを本拠地とすることに決める。

そして「関ヶ原の戦い」に勝利し、1603（慶長8）年、征夷大将軍に任じられると、江戸幕府を開くにあたり、各地の大名に命じ本格的な造営に乗り出した。

工事は家康・秀忠・家光の3代にわたって続き、1636（寛永13）年頃まで約40年を要した。江戸城は本丸の周りを二の丸、三の丸、西の丸、北の丸が取り巻き、さらに外堀、神田川、隅田川が20キロの「総構え」となって囲むという、紛うことなき日本国内最大の大城郭だった。

天守は家康・秀忠・家光がそれぞれ建設したが、とりわけ右頁で再現した家光の「寛永期天守」は高さ59メートル、20階建てのビルに相当するほど巨大なものだった。

江戸は幕府の中枢であるだけではなく、諸大名やその家臣が参勤交代で駐在するため、膨大な数の武家屋敷が造られた。城下町における武家屋敷の比率は非常に高く、彼らの消費もあって、18世紀の都市としては世界最大の規模を誇った。

今なお各所に面影を残す

1868（慶応4）年、明治維新後に江戸城は新政府軍に明け渡され、「東京城《とうけい》」と改められ、現在の名称は「皇居」である。「火事と喧嘩は江戸の華」とはよく言ったもので、江戸城はたびたび火災に遭っており、明治時代以後も「関東大震災」や「東京大空襲」によって大きな被害を受け、多くの建物が焼失している。

それでも伏見櫓・富士見櫓・巽櫓をはじめ、門や石垣、堀が現存しており、今なおそのスケールの大きさを実感できる。

現在の江戸城

大手門は江戸城の正門であり、諸大名はここから登城し三の丸に入った

春日山城《かすがやまじょう》

謙信の牙城は全国屈指の巨大山城

春日山城
DATA

築城年	14世紀半ば
築城者	上杉家
種類	山城
遺構	土塁／空堀
所在地	新潟県上越市中屋敷

山ごと山城とした巨大城郭

春日山城は標高180メートルの春日山に築かれた巨大な山城である。南北朝時代に、越後の守護である上杉家が築城したのが起源だとされる。

戦国時代には守護代だった長尾為景《ながおためかげ》が台頭し、その子・晴景、上杉家の養子となった謙信、景勝と4代にわたって居城とした。

山頂には本丸が築かれ、山全体に大小200以上の曲輪を配して防備を固めている。石垣はなかったが、地形を活かして土塁や空堀が張り巡らし、曲輪を守っていた。

山城はあくまで籠城戦に使い、居住空間は別に造る大名も多かったが、春日山城では大名は本丸の御殿で寝起きし、家臣の屋敷も少し低い山腹に築かれていた点が、特徴的だ。

「軍神」上杉謙信の素顔

春日山城を代表する城主といえば、やはり上杉謙信。驚異的な合戦の強さから「軍神」と称された謙信だが、実は私欲に駆られて戦を仕掛けたことは一度もなかった。

家督を継いだのも家中に推されてのことだったし、関東管領職に就き上杉姓を名乗ったのも、上杉憲政に頼られたのがきっかけだった。

武田信玄との数度にわたる「川中島の戦い」も領土争いをしていたわけではなく、信玄に信濃を追われた大名が助力を求めて

現在の春日山城

春日山城の本丸跡。春日山の最高部に位置し他の場所よりも高くなっている

きたことがきっかけだった。

信玄に対しても、彼が今川・北条家の経済封鎖で塩を止められ、苦しんでいると聞くと手を差し伸べたといい、これが「敵に塩を送る」という諺のもとになっている。

性格も決して好戦的ではなく、武神・毘沙門天の熱心な信者で生涯未婚を貫くなど、戦国大名のなかでは異彩を放っている。

息抜きはひとり酒で、ひたすらつまみを肴に手酌で酒をあおっていたらしい。これは脳溢血で死去した一因ともいわれる。

謙信の死後、春日山城は景勝が領有したものの、彼が転封され代わりに越後に入った堀家は、山城は政治を取り仕切るには不便だとして福島城を築城して移ってしまったため、役目を終えて廃城となった。

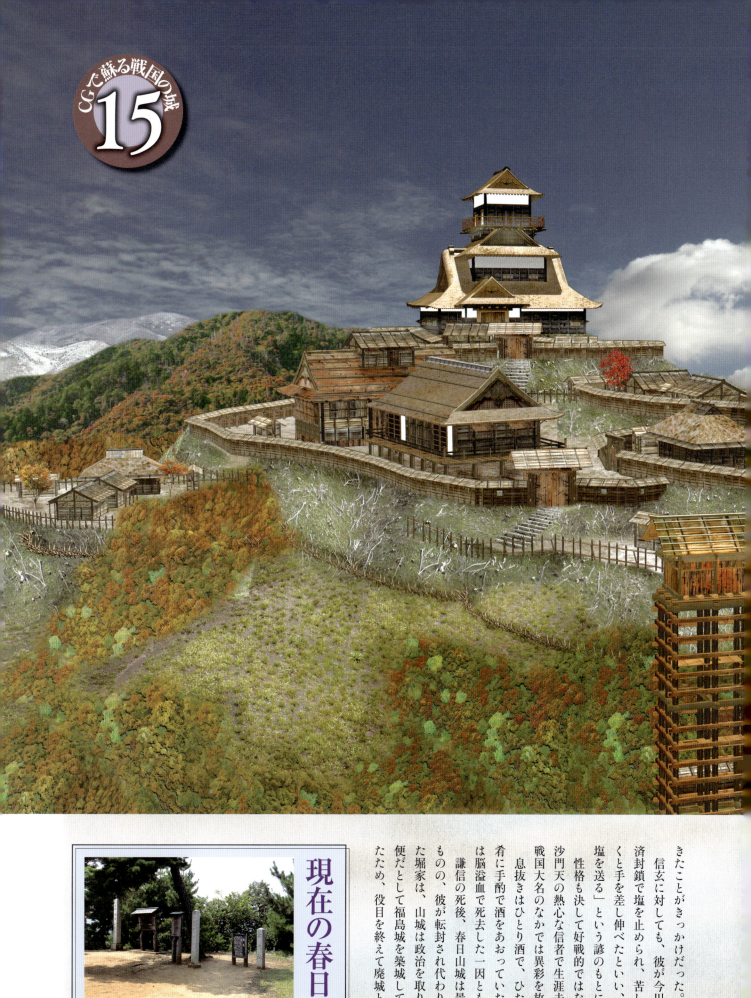

躑躅ヶ崎館《つつじがさきやかた》

貪欲に所領を拡大した虎の住み家

躑躅ヶ崎館

DATA

築城年……1519（永正16）年
築城者……武田信虎
種類……平城
遺構……各曲輪／土塁／堀他
所在地……山梨県甲府市古府中町

城を必要としなかった信玄

躑躅ヶ崎館は、武田信玄の父である信虎が、甲斐の諸勢力を駆逐した1519（永正16）年、府中に築いた城である。

堀・土塁で囲まれ馬出を備えるものの、城というよりは館といった風情で、平地にあるため防御力はほとんどない。

そこで信虎は、館と別に近くの要害山に城を築き、攻め手が押し寄せると館を引き払い立て籠もるつもりだった。信玄が生まれたのも、この要害山だったという。

1541（天文10）年、信虎は突如、甲斐を追放され信玄が家督を継いだ。

信玄と板垣信方・甘利虎泰ら重臣が組んで仕掛けたクーデターであり、信虎の独断専行ぶりが嫌われたとも、弟の信繁を寵愛する父に、信玄が業を煮やしたからだともいわれる。

信玄は家督を継ぐと、信濃への侵攻を本格化し、諏訪家や村上家といった豪族と激しい戦いを繰り広げた。

同時に、躑躅ヶ崎館後方に設けられた要害山の城も不要になった。甲斐の人心を完璧に掌握し、常に敵の領土で戦う信玄にとって、山に囲まれた本拠地の心配をする必要はなかったのである。

信濃の豪族は越後の上杉謙信を頼り、これと信玄は数度にわたり対峙しながら、信濃を平定し遠江、駿河、三河に野心を見せる。1572（元亀3）年には、大軍を率

いて念願の上洛戦を開始。
途上の「三方原《みかたがはら》の戦い」では徳川家康を一蹴し、織田信長を恐怖させたが、その最中に病に倒れ、志半ばで生涯を終えた。

信玄一代限りの繁栄だった

信玄の跡を継いだ勝頼は、躑躅ヶ崎館の貧弱な防備を心もとなく思ったのか、家臣団の反対を押し切り、新たに新府城を築く。しかし、まもなく実施された織田家の「甲州征伐」をうけ、武田家は滅亡した。

その後に甲斐を支配した徳川家康は、改めて躑躅ヶ崎館を甲斐支配の本拠として使い拡張もされた。が、のちに家臣・平岩親吉に命じて甲府城が築城されると、躑躅ヶ崎館はその役割を終え、廃城となった。

現在の躑躅ヶ崎館

躑躅ヶ崎館の水堀。城跡は大正時代に創建された武田神社の境内にあたる

大津城
おおつじょう

関ヶ原の趨勢に影響を与えた堅城

大津城
DATA

築城年	1586（天正14）年
築城者	浅野長政
種類	平城
遺構	廃城により消失
所在地	滋賀県大津市浜大津

琵琶湖に浮かぶ美しい水城

「山崎の合戦」で明智光秀を滅ぼした豊臣秀吉は、その居城・坂本城を廃城として新たな城の普請を命じた。

担当したのは秀吉の義弟・浅野長政で、天下統一後は京極高次が城主となった。湖に石垣の曲輪が浮かぶ美しい水城であり、琵琶湖の水運を利用して物資を運ぶ、実戦向きとは言い難い城であった。

しかし1600（慶長5）年、全国の大名を二分した「関ヶ原の戦い」では、思わぬ大役を担うことになる。

近江の要衝を抑えている大津城主の高次には徳川家康・石田三成両陣営から熱心な誘いがあり、いったんは東軍に気持ちが傾き、弟を家康に託している。

しかし、大坂に近い大津城が東軍に付けば、真っ先に西軍の標的になることは明白であり、城の防備に自信がなかった高次は三成のもとにも人質を送るなど、したたかなところを見せる。

こうして西軍に付いたかに見えた高次だが、逐一その動向を家康に伝えていたという。そして機を見て、西軍を離反すると、3000の兵で大津城に立て籠もった。

意地を見せた「蛍大名」

案の定、この裏切りに三成は激怒し、毛利元康率いる1万数千の軍が押し寄せる。高次は降伏勧告を断固として拒否した。

CGは「関ヶ原の戦い」に伴う攻城戦の際に、長等山から砲撃を受ける様子

当初は寄せ手に夜襲をかけるなど奮戦するが、圧倒的な数の攻め手の前に、堀を埋められ、ついには高次自身が戦いの最中に傷を負うなど追い込まれる。

再三の和平の使者にようやく開城したときには、籠城から1週間以上が経過。この時間が、実は重要な意味を持っていた。開城からほどなくして、美濃では「関ヶ原の戦い」の本戦が始まり、東軍の勝利に終わっていたのである。

大津城を囲んでいた西軍の大軍は参加することができなかったのだ。

とりわけ、攻め手には西日本一の名将・立花宗茂《たちばなむねしげ》がおり、家康は彼を足止めしたことをたいへん喜んで、戦後、高次には若狭9万2000石が与えられた。

現在の大津城

傷ついた大津城は廃城になったため、現在は本丸の跡地に碑があるだけだ

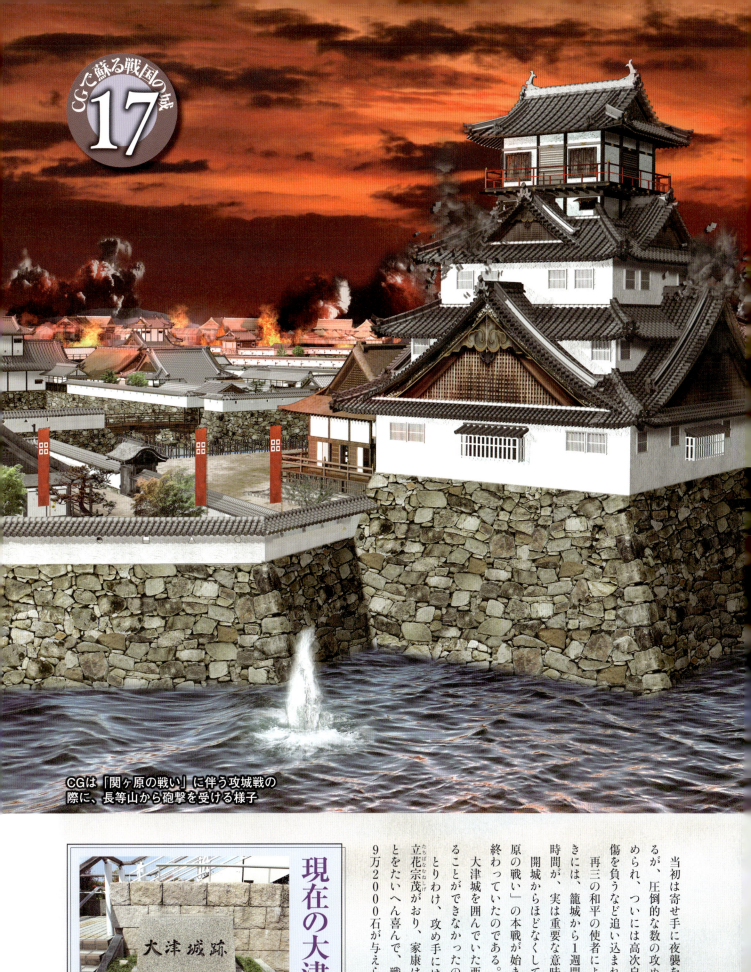

石山本願寺《いしやまほんがんじ》

信長の攻撃をしのぎ切った大城塞

石山本願寺

DATA

築城年――1496（明応5）年
築城者――蓮如
種類――平城
遺構――廃城により消失
所在地――大阪府大阪市中央区

坊舎だと侮るなかれ

織田信長を最も苦しませた勢力として知られるのが、石山本願寺の一向宗門徒だ。そもそも、なぜ宗教団体が武力を持っていたのだろうか？

室町時代後期に本願寺門主8世の蓮如《れんにょ》は、「講」という組織を築いて、民衆が簡単に浄土真宗の教えを学べる場所を作り、また親鸞《しんらん》上人の教えを分かり易くした『御文』を著して信者を急拡大させた。

各地で団結した信者たちは、蓮如の意志とは無関係に領主に「一向一揆」を起こしはじめ、加賀では門徒が守護・富樫政親《とがしまさちか》を滅ぼすまでに至る。

蓮如自身は守護大名や他宗派との対立から本拠地を追われ、大坂石山に隠居地として築いた御坊に落ち着いた。

これがのちの石山本願寺である。蓮如の死後も一向一揆は拡大を見せ、石山本願寺は寺内町を中心に大きく発展していく。

淀川河口付近の上町台地に位置する本願寺は防戦には最適の立地であり、御坊を中心として曲輪が配置され、水堀も備えるなど寺の域を超えた城塞として機能した。

この頃には本願寺は各地の一向一揆を糾合することで、弱体化が著しい室町幕府に影響力を持つようになっていた。

ところが、1568（永禄11）年に上洛した信長と対立を深めたことで、長年にわたる戦いの幕があがる。

CGで蘇る戦国の城 18

武力で陥落しなかった

信長と仲違いした将軍・足利義昭の要請をうけた本願寺11世の顕如《けんにょ》は、信長に直接攻撃をかけるだけではなく、各地で一向一揆を扇動する。

特に伊勢長島一向一揆は、信長の弟・信《のぶ》興《おき》を戦死させ、確執はさらに深まった。

両勢力の間では、和議も時間稼ぎ以上の意味を持たず、やがて伊勢長島や越前の一向一揆は信長によって皆殺しにされた。

それでも石山本願寺だけは、度重なる織田軍の攻撃に持ちこたえた。

1580（天正8）年、正親町《おうぎまち》天皇の仲介で武装解除した頃には、「石山合戦」が始まってから、実に10年が経過していた。

現在の石山本願寺

開城直後、火の手があがり御坊は灰塵に帰し、跡地には大坂城が建てられた

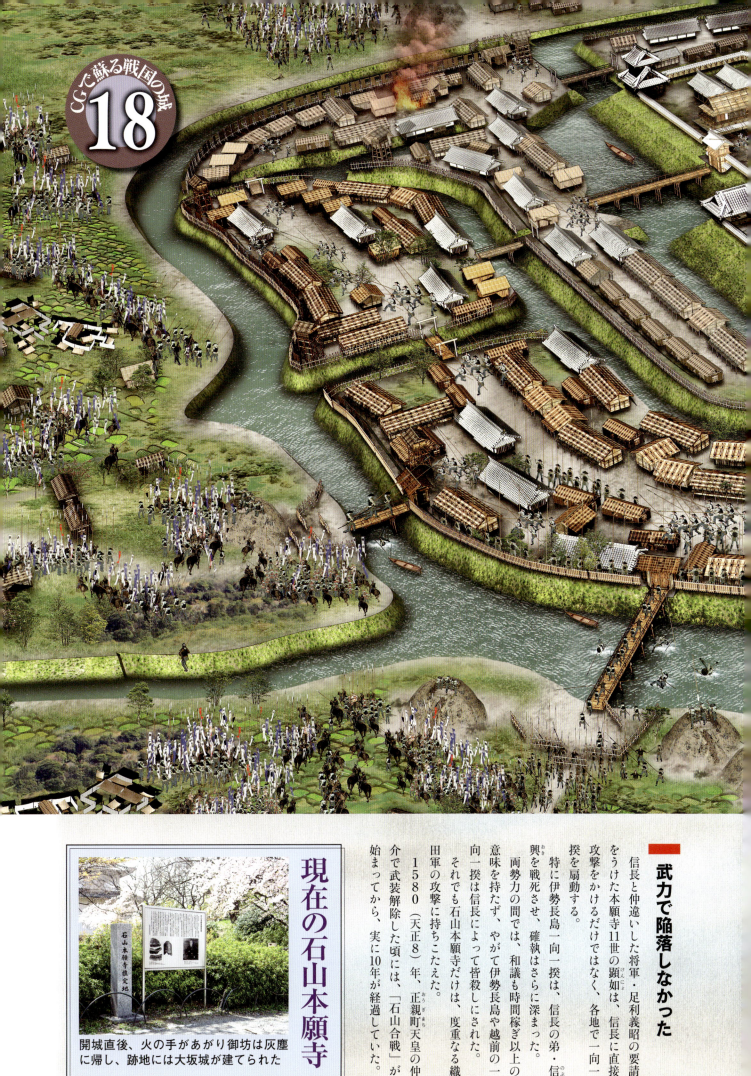

福岡城《ふくおかじょう》

黒田親子が築いた九州最大の城

福岡城 DATA

築城年……1601(慶長6)年
築城者……黒田長政
種類……平山城
遺構……櫓／門／石垣／堀他
所在地……福岡県福岡市中央区

加藤清正も驚いた名城

福岡城は、1600(慶長5)年の「関ヶ原の戦い」後、九州の筑前に入った黒田如水・長政親子が統治にあたり、博多の港町に新しく築いた城である。

築城に7年を要した福岡城は、北を海、南を山地、東を川に囲まれていた。本丸、二の丸、東二の丸、南二の丸などを、幅50メートルを超える水堀が守る造り。

別名を「石城」というくらい、ふんだんに石垣が使用されており、石垣造の巨大な天守台も存在したものの、天守が建てられていたかどうかは議論がある(本書では実在を前提にCG再現した)。

福岡城の築城によって、「城下町・福岡」と古くからの商人の町・博多」という、現在の福岡市に通じる「双子都市」の性格が決定付けられたのだという。

広さは8万坪と九州最大の城であり、その威容は城造りの名人として知られる加藤清正も絶賛したという。

殊勲の黒田親子へのご褒美

築城者の如水は戦国時代を代表する〝策士〟として知られている。

小寺家、織田家を経て豊臣秀吉に仕えた黒田如水は、竹中半兵衛亡き後の軍師として活躍。「本能寺の変」をうけて嘆き悲しむ主人に「これで御運が開けましたな」と言い放った逸話は、あまりにも有名だ。

秀吉が信長亡き後、いち早く対峙していた毛利家と和睦し、畿内に駆けつけることができたのは如水の尽力の賜物だという。

秀吉亡き後の「関ヶ原の戦い」では、息子・長政を家康に付けた。

長政は、本戦では先鋒として石田三成の本陣に攻撃をかけるだけではなく、日和見を決め込む大名たちへの調略でも大活躍。その活躍への恩賞が筑前52万石だった。

しかし狡猾な如水は警戒されていたらしく、福岡城に天守が築かれなかったのは幕府への忠誠心を示すためともいわれる。

現在、かつて建てられていた40以上の櫓はほとんどが失われているが、南二の丸の多門櫓をはじめわずかながら健在で、巨大な天守台も目にすることができる。

現在の福岡城

南二の丸にある多門櫓は江戸時代から残っており国指定重要文化財である

2度にわたって徳川軍を退けた 上田城《うえだじょう》

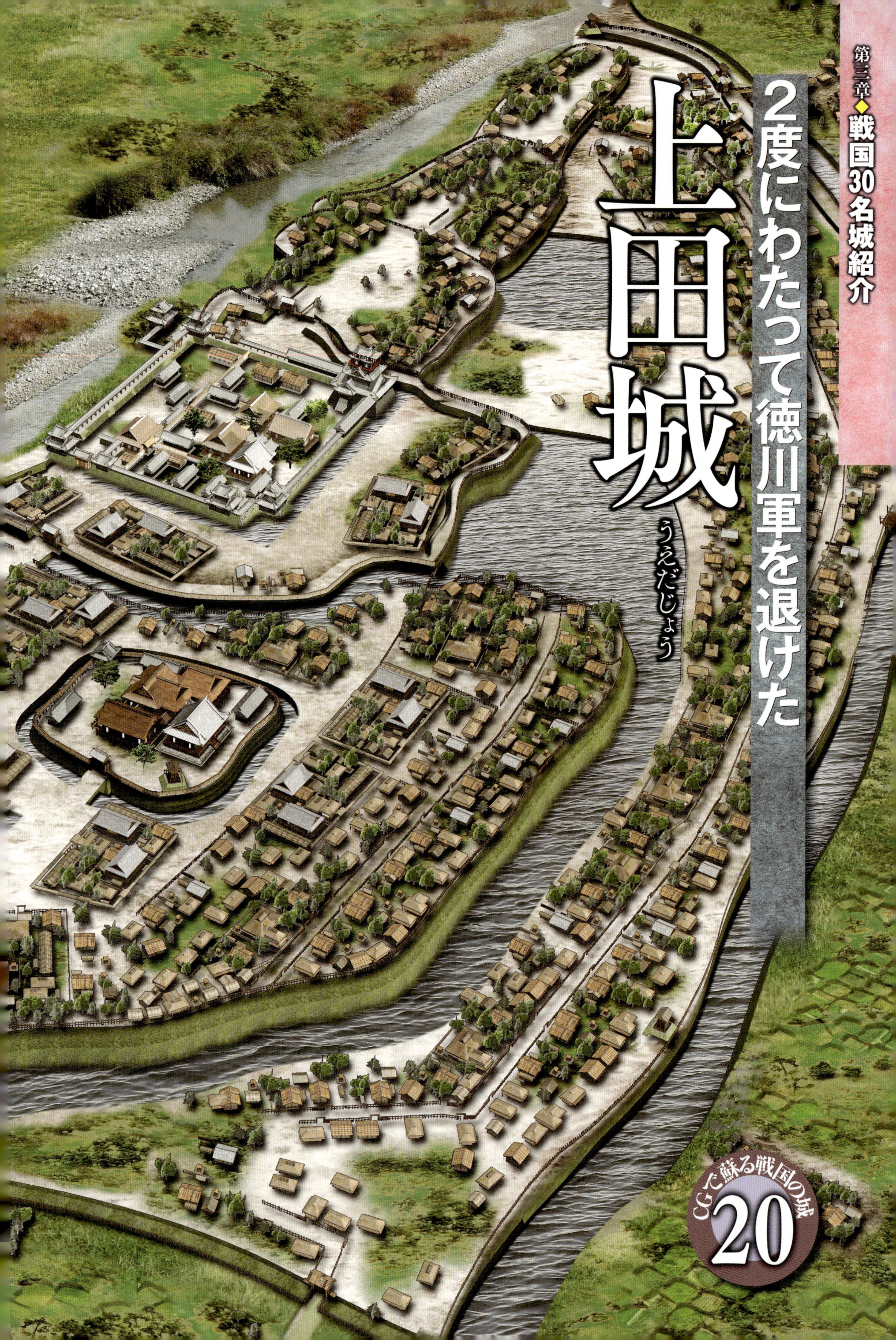
CGで蘇る戦国の城
20

上田城

DATA

築城年――1583（天正11）年
築城者　真田昌幸
種類――平城
遺構――櫓／石垣／土塁／堀他
所在地　長野県上田市二の丸

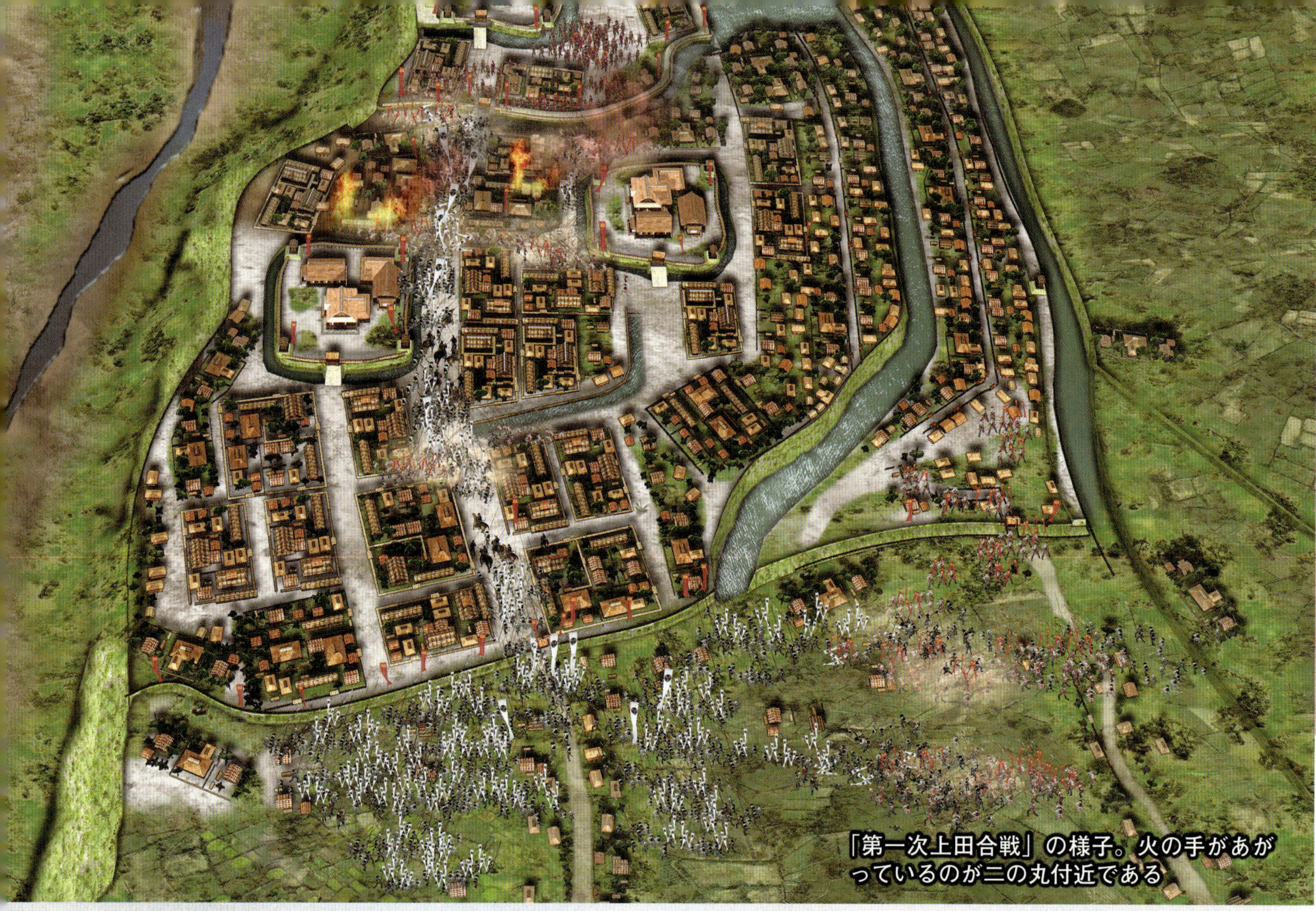

「第一次上田合戦」の様子。火の手があがっているのが二の丸付近である

昌幸が作った柵で身動きがとれない徳川軍。さらに混乱して犠牲が増加した

打って出る真田家の軍勢。合戦を通じての犠牲はわずか数十人だったという

徳川家と衝突すること2回

真田幸村を輩出したことで知られる真田家は、幸村の祖父の代から武田家に仕えていたが、武田家は1582（天正10）年の織田信長の「甲州征伐」によって滅亡した。

その後、信濃の真田家は織田家、上杉家、徳川家、北条家といった周辺の大勢力の間で、巧妙に立ち回り所領を確保する。

しかし3年後、領土が徳川家と北条家の取引材料に使われると、臣従していた徳川家に抵抗し、幸村の父・昌幸自らが築城した上田城に立て籠もった。

上田城は、本丸を千曲《ちくま》川の支流を流用した水堀の側に置き、それを守る二の丸も水堀によって防御し、敵に攻め込まれ易い平地部分には三の丸を置くという、小ぶりながら厳重な防備を誇っていた。

対する家康は大久保忠世《ただよ》を大将とする7000の兵力を上田城へ向かわせる。真田家の兵力はわずかに1200程度だった。

徳川軍は平地部分から攻めると読んだ昌幸は、わざと三の丸を突破させ、二の丸付近まで攻め手を誘い込んだ。

そして、隘路に踏み込み身動きがとれなくなったところに一斉に鉄砲を撃ちかけ、放火し、温存していた兵力を一気に投入。

伏兵に慌てる徳川軍だったが、昌幸は予め城下に複雑に柵を張り巡らしており、引くに引けなくなってしまう。

さらに砥石城などの支城とも連携して追

道が狭い上田城内では真田軍の数を正確に把握できず徳川軍は混乱ばかりだ

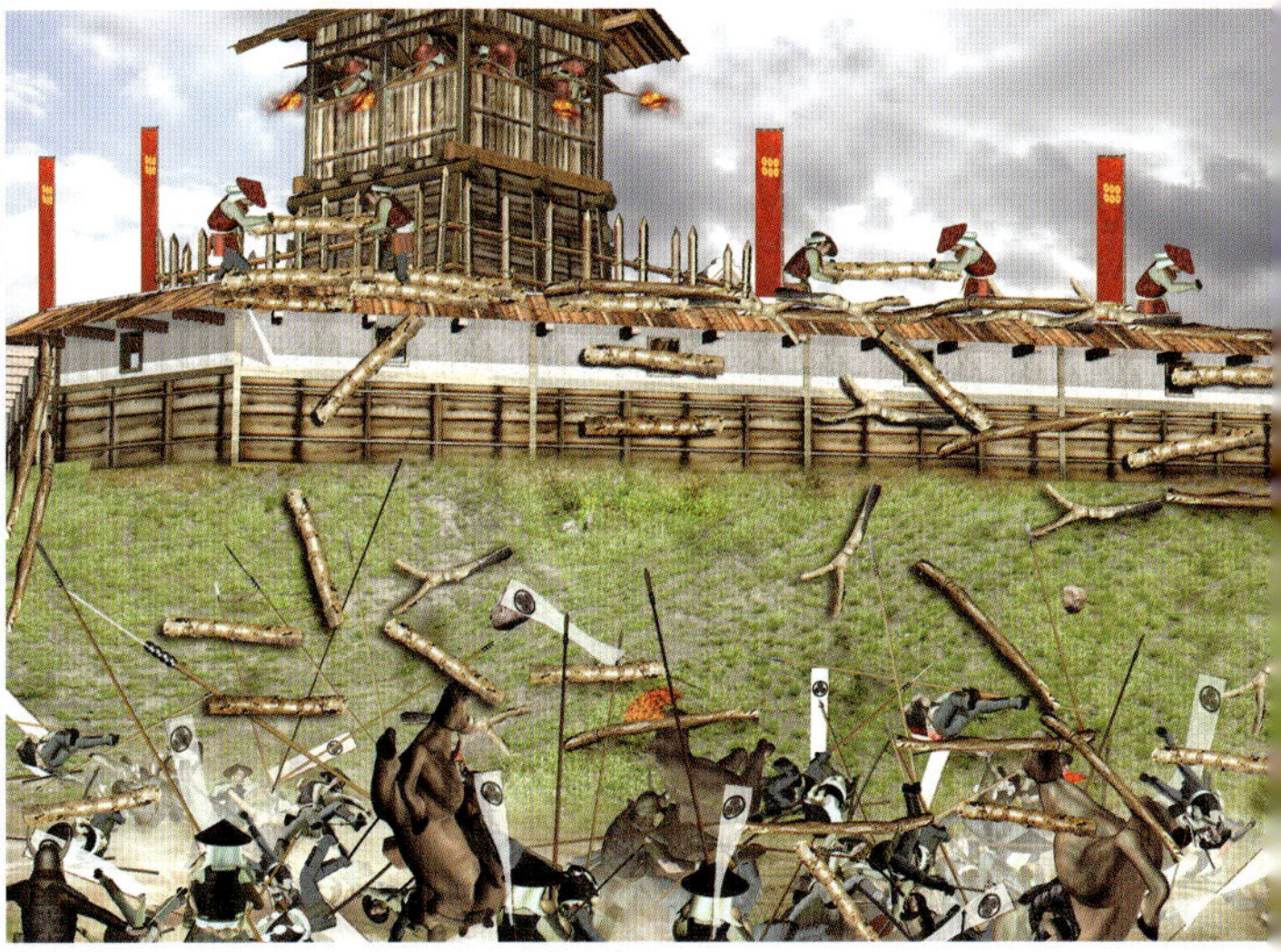

大手門を突破しようとする兵の頭上に用意しておいた材木を落としたという

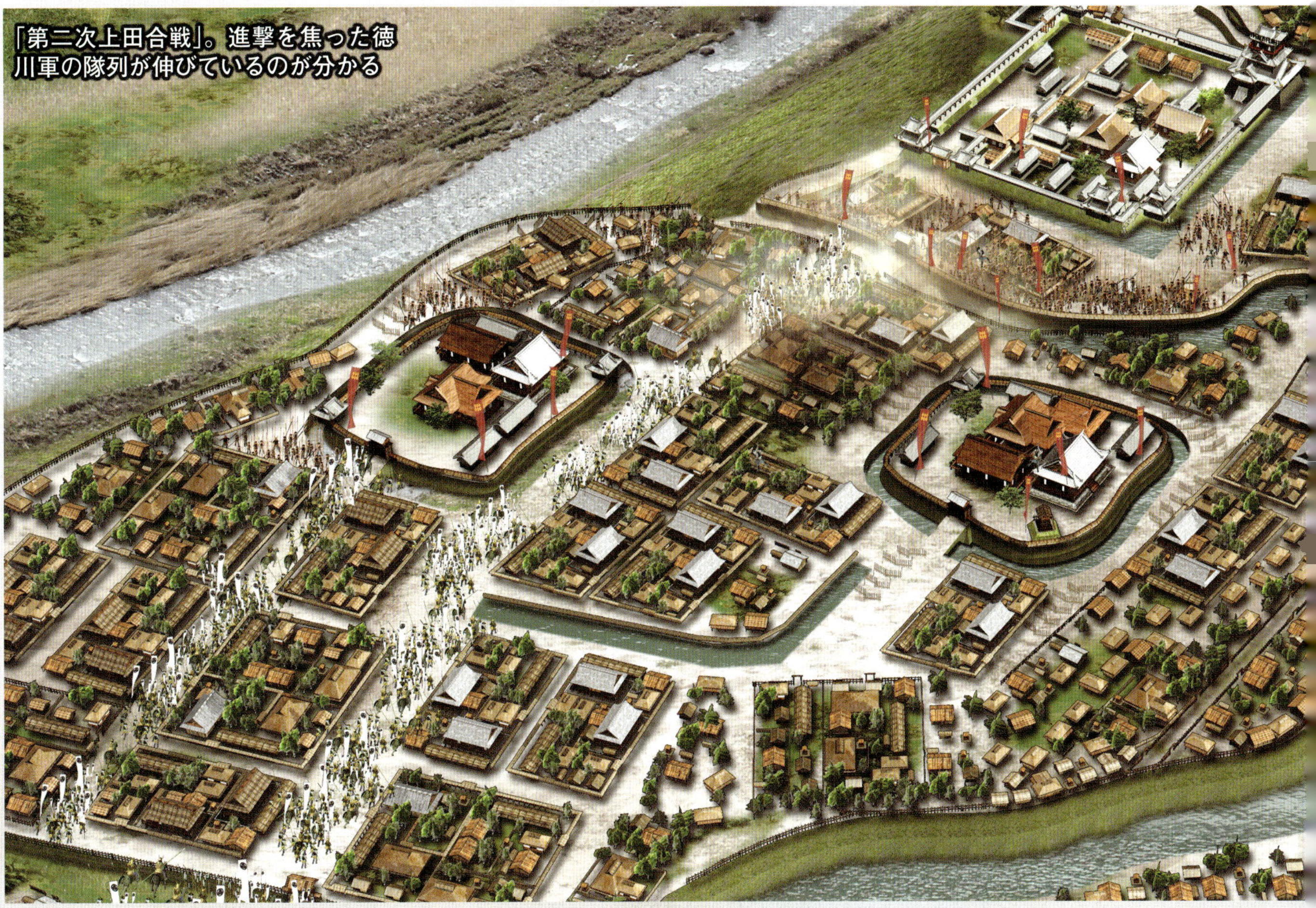

「第二次上田合戦」。進撃を焦った徳川軍の隊列が伸びているのが分かる

撃を重ね、大勝利を収めたのである。

長年の宿敵・武田家の遺臣にコケにされた家康の怒りは察するに余りあるが、復讐の機会が15年後に訪れた。

「関ヶ原の戦い」に参加するために西進する息子・秀忠の進軍路上に、西軍に味方する昌幸の上田城があったのである。

今度の徳川軍は3万8000という圧倒的な数だったが、老練な昌幸は、戦に疎い武将が多い秀忠軍を巧みに挑発、大手門まで誘い込むと、攻め手の隊列が伸び切ったところに一斉射撃を浴びせ敗走させた。結局、秀忠は美濃の本戦に間に合わなかった。

さらに15年後の「大坂冬の陣」では、今度は家康自身の前に、昌幸の息子である幸村が立ち塞がるのである。

現在の上田城

昌幸が上田城を築くとき、本丸入り口の石垣に使ったという柱石「真田石」

沼田城《ぬまたじょう》

真田信之が任された信州の要衝

信州のトラブルメーカー

沼田城は、1544（天文13）年に沼田顕泰《あきやす》が築城した平山城で、北・西・南に川が流れる崖の上に造られており、なかなか攻められない堅牢な造りだった。

越後・信州と関東平野の結節点だったことから、長年、各大名家による争奪戦の舞台になってきた。

武田家の滅亡後に独立した真田昌幸は嫡男・信之を沼田城の城主とした。

その後、真田家が臣従していた徳川家と北条家との間で沼田城をめぐって領土争いが持ち上がり、家康は沼田城を北条家との取引材料にしようとした。

昌幸はこれに抵抗したため「第一次上田合戦」を招き、さらに北条家も襲来したが、昌幸はいずれも退けている。

昌幸の両天秤作戦が奏効

「第一次上田合戦」で昌幸に手ひどくやられた家康は、懐柔策として家中一の猛将・本多忠勝の娘・小松姫を信之に嫁がせた。極めて関係が悪い真田家と徳川家にあって、忠勝を義父とした信之だけは、徳川家との縁が深くなった。

「関ヶ原の戦い」が始まり、全国の大名が敵味方に分かれるなか、昌幸はどちらが転んでも家名が残るようにしたかったのか、信之には家康の東軍に付くように命じる。

そして、最後に孫の顔が見たいと沼田城に立ち寄ったが、城門は閉ざされたまま。

そこへ信之の妻・小松姫が大音声で「敵味方に分かれた以上、舅といえど城に入れるわけには参らぬ」。さしもの昌幸も舌を巻く他なかったという。

昌幸の目論見通り、信之は沼田藩主として天寿を全うし、真田家はのちに分家が改易されたものの、明治時代まで存続した。

沼田城

DATA

築城年——1532（天文元）年
築城者——沼田顕泰
種類——平山城
遺構——土塁／石垣／堀
所在地——群馬県沼田市西倉内町

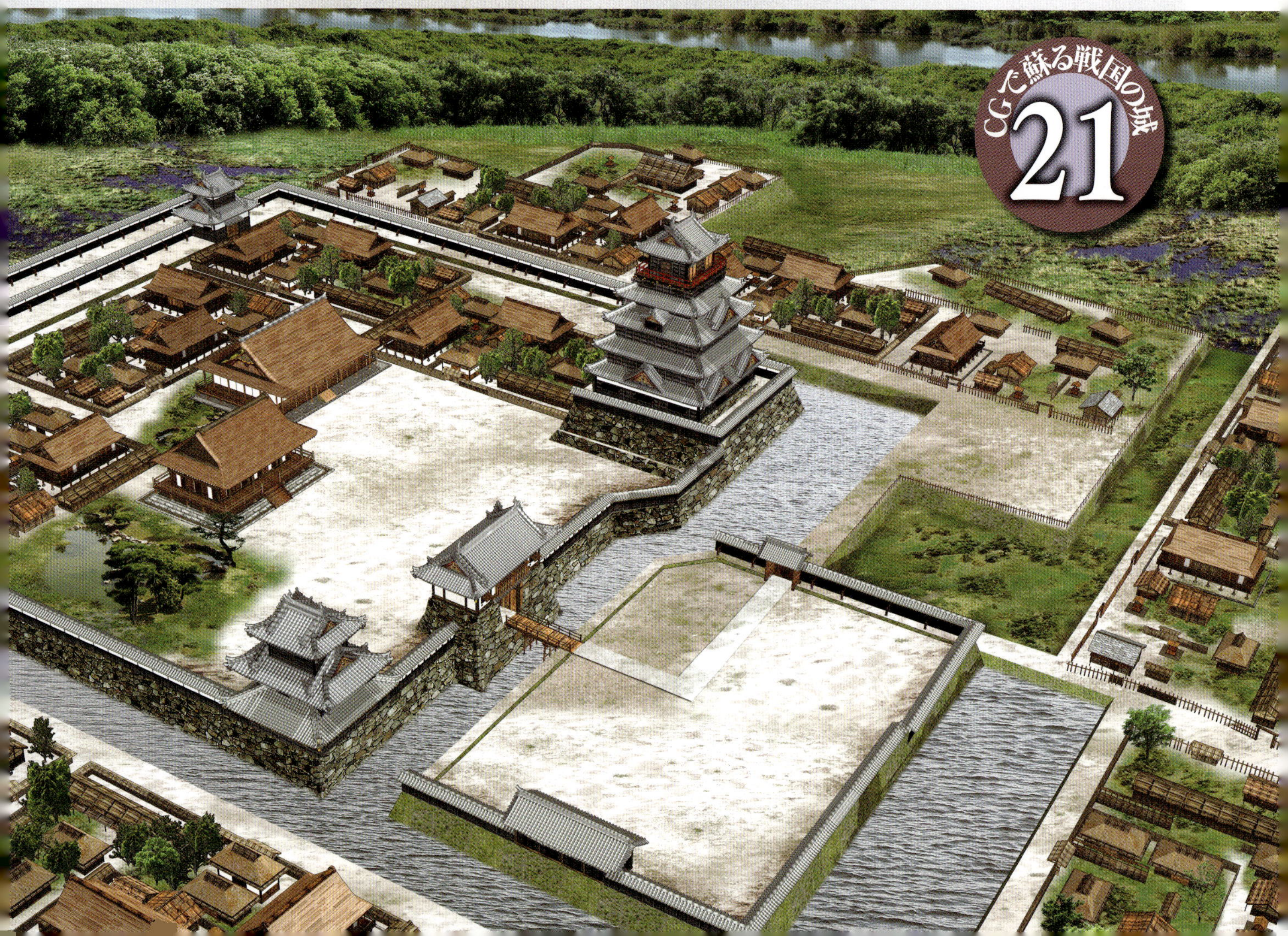
CGで蘇る戦国の城
21

砥石城《といしじょう》

真田郷を一望する真田一族の城

砥石城
DATA

築城年……不明
築城者……真田家
種類……山城
遺構……土塁／石垣
所在地……長野県上田市上野

真田・武田両家ゆかりの城

「第一次上田合戦」で上田城の支城として活躍した砥石城は真田家とたいへんゆかりが深い城である。

もともとは真田家が、真田郷を一望できる東太郎山山頂に砦を築いたものが起源だ。しかし、幸村の祖父・幸隆の代のとき、信濃の村上義清の進出によって真田家は真田郷を追われてしまう。

砥石城はその際に義清によって大改築され、信濃の要衝として利用された。

甲斐の武田信玄が家督を継いで信濃を目指し始めると、幸隆は家中に加わって真田郷奪回を目指すことになる。

諏訪家、小笠原家といった豪族を駆逐していく信玄だったが、信濃随一の武勇を誇る義清相手にはたびたび敗れ、特に1550（天文19）年の砥石城攻めでは「砥石崩れ」と称される大敗を喫した。

攻め手の大将である「武田二十四将」のひとり、横田高松をはじめとする約1200の兵を失うなど、信玄の生涯でも指折りの敗戦だった。

しかし、幸隆が砥石城の攻略を任されると信玄の信頼に応え、調略を駆使して城を乗っ取ることに成功する。

こうして幸隆は旧領を与えられ、領土を回復したのだった。砥石城は真田家が上田城に移って役目を終えるまで、引き続き代々の当主が守ることになった。

小谷城《おたにじょう》

義の武将と運命をともにした山城

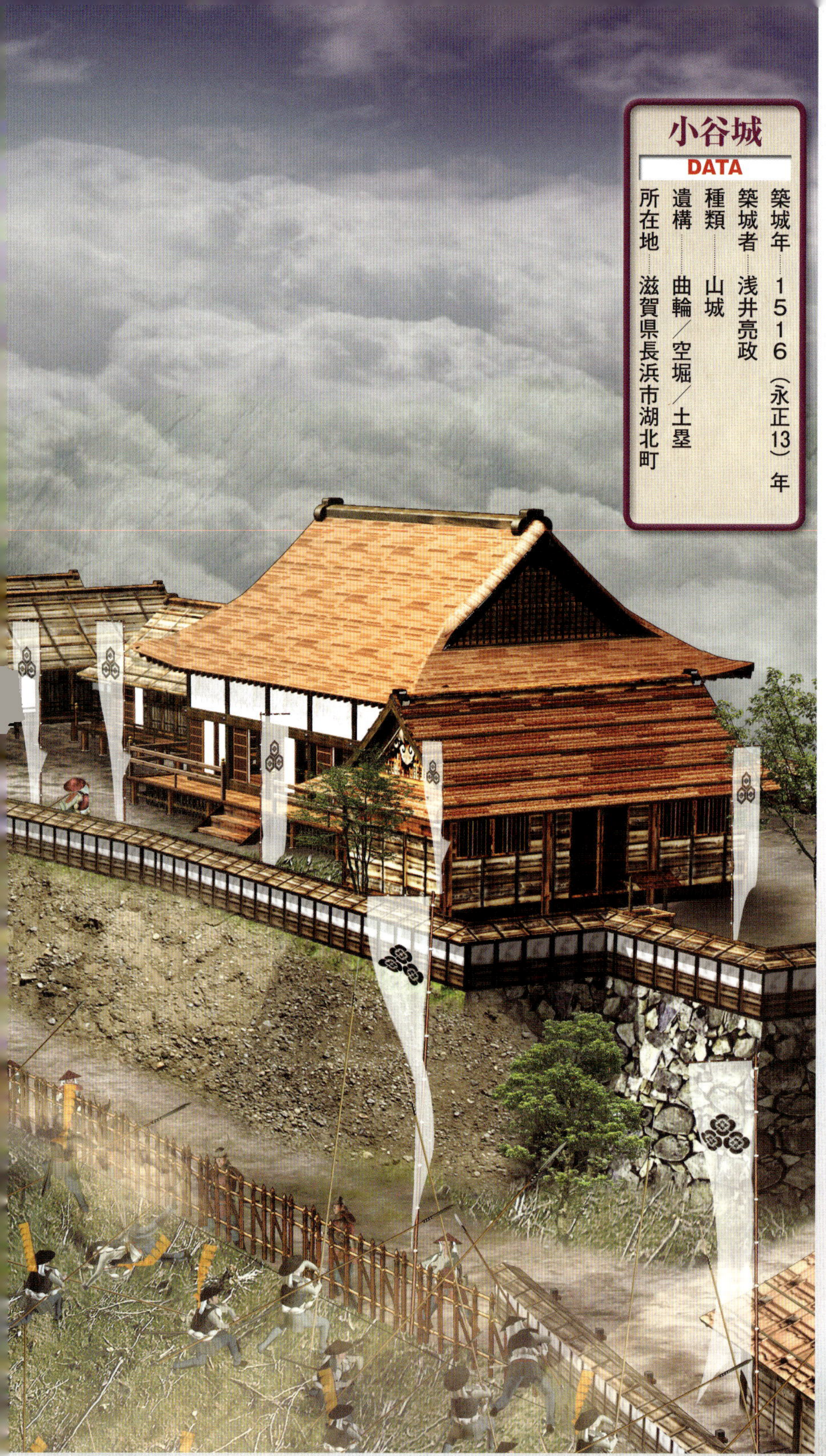

小谷城

DATA

築城年……1516（永正13）年
築城者……浅井亮政
種類……山城
遺構……曲輪／空堀／土塁
所在地……滋賀県長浜市湖北町

「日本五大山城」の一角

小谷城は日本五大山城（春日山城、月山富田城、観音寺城、七尾城、小谷城）のひとつに数えられる堅城で、北近江の浅井家が大名に成長する過程で築かれたもの。

小谷山全体に曲輪が点在し、山頂の本丸を守護していた。出丸、金吾丸、、月所丸、焼尾丸、福寿丸、山崎丸、大嶽《おおつぶら》などの複数の独立した砦が、それぞれ連携して攻め手に当たれるよう設計されていた。

築城者・浅井亮政の孫にあたる3代目の長政は南近江の六角家と争って勝利し、さらに新進気鋭の織田信長の妹・お市の方を娶って勢力を拡大した。

情勢が一変するのは、義兄の信長が越前朝倉家の攻撃に乗り出したとき。当主・朝倉義景は長政の父・久政の盟友だったのだ。

成長著しい義兄か、昔からの信義か、難しい選択を迫られた長政は、結局背後から信長を衝くことを決意する。

妹の夫から裏切られるとは、夢にも思っていなかった信長は「長政造反」の報告を受けても「虚報だろう」と取り合わなかったが、情報を総合して事態を把握すると、すぐさま猛烈な撤退戦を開始した。

世に言う「金ヶ崎《かながさき》の退《の》き口」である。

信長はなんとか岐阜に帰還することができたが、その怒りの矛先は長政に向かう。

信長の攻撃に長らく耐える

しかし、信長をもってしても、堅牢な小谷城には容易に手出しができなかった。それは野戦「姉川の合戦」で勝利しても続き、1572（元亀3）年の城攻めでも、落とすことはできなかった。

しかし翌年になると、朝倉家は滅ぼされ、浅井家の重臣も調略を受けて寝返る者が続出し、小谷城は徐々に孤立してしまう。同年の総攻撃では、秀吉が小谷城の曲輪同士の連携を断つ側面攻撃を仕掛け、ついに小谷城も落城。長政は自刃して果てた。

長政は直前にお市の方と3人の娘を城外に逃がしていた。彼女たちはそれぞれ、秀吉（茶々）、京極高次（初）、徳川秀忠（江）と名だたる武将たちに嫁ぎ、浅井家の血脈を残した。

現在の小谷城

本丸下の千畳敷曲輪跡。落城後、小谷城は廃城となったため、遺構は少ない

CGで蘇る戦国の城 24

姫路城《ひめじじょう》

世界遺産・白鷺城のかつての姿

姫路城

DATA

築城年――1580（天正8）年
築城者――豊臣秀吉
種類――平山城
遺構――天守／櫓／門／石垣他
所在地――兵庫県姫路市本町

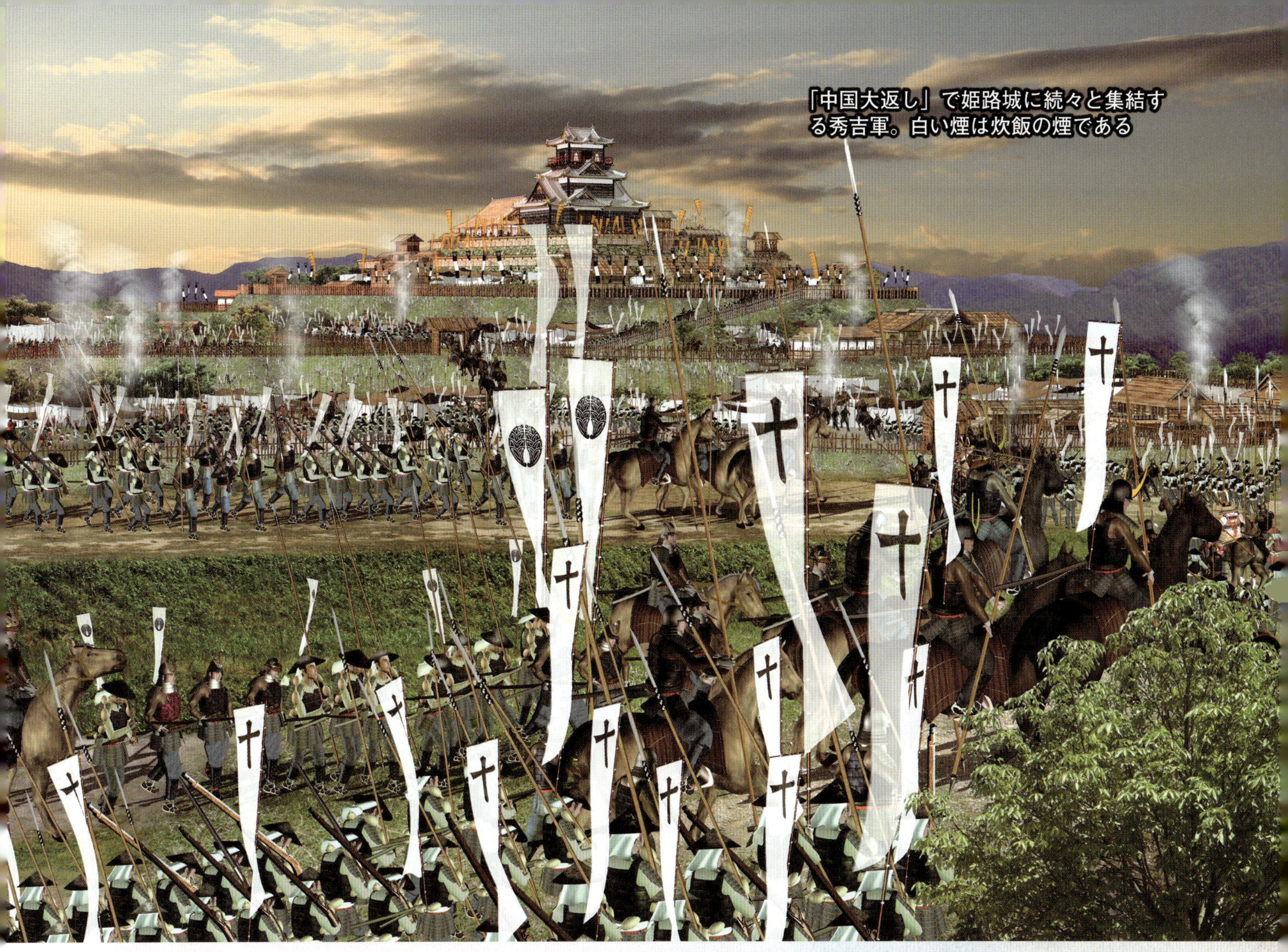

「中国大返し」で姫路城に続々と集結する秀吉軍。白い煙は炊飯の煙である

あの世界遺産ではなく…

姫路城といえば、江戸初期に建てられた天守や櫓といった建築物が今なお現存している、兵庫県の貴重な城だ。

国宝や重要文化財、ユネスコの世界遺産にも登録されており、「白鷺《しらさぎ》城」の別名とともに記憶している読者も多いだろう。

しかし本項で紹介するのは、現存している姫路城ではなく、そのかつての姿である。

姫路城の始まりは古く、南北朝時代の1346（貞和2）年、守護大名・赤松貞《さだ》範《のり》による築城とされる。

とはいえ、この時代のものは砦といった規模にとどまり、本格的な城を築くのは小寺家の家臣、黒田家だともいわれる。

1576（天正4）年、中国攻めを進める信長は豊臣秀吉を播磨に向かわせるが、そのときにいち早く付き従ったのが、黒田家の如水であった。

如水は姫路城を秀吉に譲り、秀吉は播磨が平定されると城の大改修をおこなった。

近世城郭としての体裁を整えるだけではなく、流行の石垣で城郭を囲い、太閤丸には三層の天守を建築したという。

「本能寺の変」を中国の備中で知った秀吉は、世に言う「中国大返し」を敢行すると、当時としては驚異的なスピードで姫路城に舞い戻った。

そして城内で軍の再編をおこない、復讐戦に備えたのである。

池田輝政の手で現在の姿へ

姫路城が現在の姿に生まれ変わったのは、「関ヶ原の戦い」の後にここを与えられた徳川家康の娘婿・池田輝政の手によってである。

彼は9年の月日を費やして、五重六階の天守と3つの小天守を中心に、多くの櫓と門を備える名城を造りあげた。

その後、治める大名は池田家から譜代大名である本多家、榊原家、酒井家や親藩大名の松平家に移っていった。

近代に入っても城は健在で、「太平洋戦争」において空襲の被害に遭ったものの、焼失を免れ、現在に至るまで天守をはじめ、多くの城郭建築の姿を残している。

現在の姫路城

「平成の大修理」前の姫路城。工期中は城ごと巨大な素屋根で覆われていた

天下の分岐点となった城攻め

備中高松城《びっちゅうたかまつじょう》

備中高松城

DATA

築城年	永禄年間
築城者	石川家
種類	平城
遺構	堰堤／石積み
所在地	岡山県岡山市北区

秀吉による高松城の水攻め

豊臣秀吉の水攻めに遭ったことで有名な備中高松城は、石垣を持たない、土塁で囲まれた平城だったが、水田や湿地を天然の堀としていたという。

築定時期は不明で、松山城主三村家の命で、その家臣・石川家が築いた城。中国地方最大の大名である毛利家に三村家が滅ぼされてからは、清水宗治が城主となった。

1582（天正10）年、そこへ攻め込んできたのが、織田家の中国地方方面軍を任されていた秀吉である。

しかし守将の宗治は人望厚く、城内の士気は高かったうえ、天然の堀が攻め手を阻んでいた。

戦いは持久戦となったが、秀吉の軍師・黒田官兵衛の献策で奇想天外な作戦が実行に移される。

城が低湿地帯にあることを利用し、城の周囲に全長3キロの堤防を築き、近くの川を引き込んで城を水没させようというのだ。世に言う「高松城の水攻め」である。

人夫に過分な金子を与え、11日という突貫工事で堤防は完成した。運良く梅雨時であり、たちまち水位は上昇。

土塁を越えた水が城内に流れ込み、備中高松城は水の上の孤島になってしまった。

「中国大返し」と清水宗治

秀吉は、包囲戦の現場に信長を招くつも

りでおり信長も準備していたのだが、その道中で「本能寺の変」が起こり、主君は横死してしまった。

悲嘆に暮れた秀吉だったが、如水の「これで御運が開けましたな」という言葉で気を取り直す。事情を悟られぬよう毛利家の外交官・安国寺《あんこくじ》恵瓊《えけい》と交渉し、「清水宗治の切腹と引き換えに城兵の命を助け、軍を引く」という和議を成立させた。

宗治は水上に船を出すと、堂々たる態度で切腹し、秀吉を感嘆させた。一説によれば、宗治の姿がきっかけとなって、切腹を名誉ある死だとする風潮が広まったという。

備中高松城はその後「一国一城令」で廃城になったと目されており、現在では秀吉が築いた堰堤や石積みが残るのみである。

現在の備中高松城

現在の城址では堰堤や石積みの他に、清水宗治の首塚・胴塚が見られる

駿府城《すんぷじょう》

最大の天守閣を持つ家康最期の地

駿府城 DATA

築城年……1585（天正13）年
築城者……徳川家康
種類……平城
遺構……石垣／堀
所在地……静岡市葵区駿府公園

苦心の末に手に入れた駿府

もともと駿府には、室町幕府に駿河守護を任されていた今川家が館を築いており、領国支配の拠点としていた。

徳川家康が生まれた三河の松平家は、今川家に従属していたため、幼少期を今川義元のもとで人質として過ごした。

やがて「桶狭間の戦い」で織田信長が今川義元を討ち取ると、今川領は周辺勢力の草刈り場となり、駿河には武田家が進出して館も失われた。

その武田家も織田・徳川家の連合軍の前に駆逐され、家康はかつての主筋の領土を手に入れることになる。家康が駿府城を築城し始めたのはこの頃だ。

ところが、4年がかりで二の丸まで完成させたところで、天下を統一した秀吉から江戸への国替えを命じられる。

駿府へ戻って来られたのは「関ヶ原の戦い」で勝利し、征夷大将軍に任じられて江戸幕府を開いた後だった。

よほど思い入れが深かったのか、将軍職を秀忠に譲った後は駿府城へ戻り、自身の隠居城として大改修に着手する。

本丸を囲むように二の丸、さらにそれを囲むように三の丸が置かれ、三重の堀が配されるなど、平城ながら堅牢な造りだった。

完成直後に本丸が火事になってしまったものの、翌年には突貫工事で城郭史上最大となる天守台が築かれた。

構成は六重七階、屋根は銅や鉛の瓦で葺かれ、天辺には金の鯱が鎮座していた。

戦国の覇者が没した城

将軍職を譲って駿府城に隠居したが、家康の権力はなお絶大であり、駿府は江戸と並ぶ政治経済の中心地として繁栄した。

1616（元和2）年、家康は鷹狩の最中に倒れる。没したのはやはり駿府城で、死因は胃がん説が有力となっている。

家康を看取った荘厳な天守は、1635（寛永12）年の火事で燃えてしまい、以後は再建されなかった。

現在では、天守をはじめ、ほとんどは現存していないが、残された中堀・外堀の石垣からかつての姿を想像できる。

現在の駿府城

本丸堀跡。現在は駿府城公園や官庁・学校などの公共施設が建設されている

毛利家本拠にして日本最大の山城

吉田郡山城
よしだこおりやまじょう

家の勢いとともに城も拡大

吉田郡山城は戦国時代、中国地方に覇を唱えた毛利家が本拠としていた城である。

築城時期ははっきりとしないが、14世紀の中頃に地頭として台頭した毛利家が築いたとされている。やがて戦国時代きっての策略家となる毛利元就が家督を継ぐ。

その頃の吉田郡山城は、本丸と二の丸、三の丸、下ったところに屋敷がある程度の、砦に毛の生えたような城郭だったらしい。

しかし元就が外交に調略に工作と、ありとあらゆる手段を使って領土を拡大していくにつれ、本拠地も設備が充実していく。

1541（天文10）年に、ライバルの尼子家が2万の大軍で押し寄せてきたときには、山のあちこちに空堀などの工夫が凝らされており、見事撃退に成功している。

自身の実力もさることながら、元就は子どもたちにも恵まれた。豪族たちを取り込むため、次男・元春《もとはる》は吉川家の、三男・隆《たか》景《かげ》は小早川家の家督をそれぞれ継いだ。

元春は武勇に優れ、隆景は豊臣秀吉が惚れ込むほどの知略の持ち主で、彼ら2人が元就と嫡男・隆元の遺児である輝元を補佐することで、毛利家は家勢を保った。

時代の変化で役割を終える

輝元の頃になると、吉田郡山城は石垣や瓦葺きなども使った、近代的な城郭へと変貌していたという。

元就時代には無かった天守も、輝元時代になって三層三階のものが造られたという。いつしか日本最大級の山城になっていたが、交通の便の悪さが目立つようになる。

秀吉の聚楽第などに影響を受けた輝元が築城した広島城が1591（天正19）年に完成すると、吉田郡山城はついにその役割を終え、廃城となった。

吉田郡山城
DATA

築城年……14世紀中頃
築城者……毛利家
種類……山城
遺構……曲輪／石垣／堀切他
所在地……広島県安芸高田市吉田町

CGで蘇る戦国の城
27

彦根城《ひこねじょう》

徳川家の盾として築かれた名城

彦根城
DATA

築城年	1603（慶長8）年
築城者	井伊直継
種類	平山城
遺構	天守／櫓／門／石垣他
所在地	滋賀県彦根市金亀町

日本の喉元に建てられた盾

彦根城は天守をはじめ、櫓や門など戦国時代の建造物が数多く現存する、たいへん貴重な名城である。

1600（慶長5）年、「関ヶ原の戦い」で徳川家康に歯向かった石田三成の佐和山城が廃城となり、代わって近江に彦根城を築いたのが、「徳川四天王」の一角・井伊直政であった。

琵琶湖沿岸の金亀《こんき》山という丘の尾根を利用して築かれ、本丸を挟んで尾根の両端に西の丸、鐘の丸を配置していた。さらに琵琶湖の水を使って二重に堀を巡らし、防備が固められている。

日本の喉元ともいえる近江は、西日本で反乱が起きた際に最前線となる可能性があり、家康の信頼が厚い直政と、堅牢な城を配置する必要があったのである。

ところが、その直政は関ヶ原で負った傷がもとで死亡してしまい、築城は家康が仕切って進められることになる。

要衝が手薄になることを避けたかったのか、工事は急ピッチで進められ、佐和山城、大津城、安土城、長浜城などの材木をかき集めて築いたという。

さらに直政の後を継いだ直継が病弱だと判断すると、すぐさま勇猛な弟・直孝に家督を譲らせている。彦根城と井伊家は、徳川家にとってどうしても必要な「盾」だったことがよく分かる。

海外侵略への妄執から生まれた

名護屋城《なごやじょう》

誇大妄想に囚われた秀吉

織田信長と豊臣秀吉の主従には、ある共通の夢があったとされる。海外進出である。

誇大妄想に囚われてしまったのか、天下統一を果たした秀吉は、次なる標的を海の向こうの明国に定める。

手始めに秀吉は朝鮮の李王朝に、侵略のための道を貸すように求めた。しかし明国の冊封体制下にある李王朝は断固拒否。

意に沿わぬ返事に激怒した秀吉は、朝鮮半島へ軍勢を差し向け、制服することにした。そのための前線基地として肥前松浦半島に築いた前線基地が名護屋城である。

さすがは天下人と言うべきか、そのスケールは相当なもので、名護屋城は五層七階の天守を持ち、秀吉が住むための御殿から、二の丸、三の丸を備え、城の周囲には諸大名が大小120以上の陣屋を築き駐屯していた。

この大坂城にも匹敵する大城郭は、九州の諸大名を総動員しての突貫工事で進められ、わずか1年で竣工している。

いたずらに兵力を消耗した

こうして始まった朝鮮出兵、いわゆる「文禄・慶長の役」において、日本軍は緒戦こそ圧倒的な強さを見せた。

鉄砲が普及し、ひたすら戦いに明け暮れていた日本軍の前では、朝鮮軍は敵ではなかった。しかし、明国が本腰を入れて大軍勢を投入すると一進一退の攻防となり、朝鮮水軍の李舜臣《りしゅんしん》には補給路を寸断される。

やがて、朝鮮半島に多くの将兵を残したまま肝心の秀吉が病死。島津義弘や立花宗茂といった武将の活躍で潰走は免れたものの、大規模な海外遠征は徒労に終わってしまった。戦後は家康が、戦意がないことを示すために解体し石垣が残るのみである。

名護屋城
DATA

築城年……1591（天正19）年
築城者……豊臣秀吉
種類……平山城
遺構……石垣／空堀
所在地……佐賀県唐津市鎮西町

CGで蘇る戦国の城
29

岡豊城《おこうじょう》

「鳥なき島のコウモリ」の住み家

彦根城

DATA

築城年……不明
築城者……長宗我部家
種類……山城
遺構……石垣／土塁／空堀
所在地……高知県南国市岡豊町

悲運に見舞われた四国覇者

岡豊城は、四国で活躍した戦国大名・長《ちょう》宗我部《そかべ》元親《もとちか》の居城である。分類は山城で、山頂の本丸から4層の曲輪を配する。

この時期の山城にしては珍しく、一部に石垣が用いられ、土塁や空堀の備えも抜かりなく、なかなかの堅城だったようだ。

元親は、幼少時こそ「姫若子《ひめわこ》」と呼ばれ馬鹿にされていたが、初陣で人が変わったように奮戦したのを皮切りに、父の代からの仇敵・本山家を滅ぼし、安芸家、一条家も倒して土佐を統一、四国制覇を目指した。

しかし、元親が四国をほぼ統一した頃には、豊臣秀吉の四国征伐軍が編成されており、成す術なく降伏する。四国での戦いぶりとの落差から「鳥なき島のコウモリ」と揶揄されてしまったという。

もともと明智光秀と親戚で、たいへん親しかったことも災いしてか、秀吉には冷遇され、与えられたのは土佐一国のみ。おまけに「九州征伐」の先鋒を押し付けられる。

悲運は重なり、元親がたいへん期待していた嫡男の信親が戦死してしまう。元親はたいへん悲しみ、抜け殻のようになってしまったという。その死後、長宗我部家は急速に没落し、土佐には「内助の功」で有名な山内一豊《やまのうちかずとよ》が入ることになる。

岡豊城はといえば、元親の代ですでに、新たに築城した交通の便が良い浦戸城に入っており、廃城となってしまった。

～難攻不落の城を築いた～

築城名人たち

戦国時代には数多の名将がいるが、語られるのは槍働きが中心だ。しかし、城を築くのも武将の立派な仕事。特に優れた業績を残した「築城名人」たちの生き様を紹介しておこう

戦国の城は誰が造るのか？

織田信長・豊臣秀吉・徳川家康の「戦国三英傑」がそれぞれ、たくさんの名城を手がけたように、戦国時代のすぐれた武将は、同時に「築城名人」でもあった。

戦国の城は軍事施設であるだけではなく、安土城以降は大名の政治的アピールの場ともなった。武将により総合的な能力を求める仕事になったのである。

本項では、そのなかでも特に注目すべき築城名人を3人紹介したい。

もっとも、築城にはたくさんの人間が関与する。現代風にいう施工主である城主、現場で工事を監督する奉行、実際に工事に携わる城大工や石組み職人、人夫……。

武将以外は歴史に名が残らないが、彼らの力が不可欠だったのは言うまでもない。

知られざる築城名人

本項では特に3人を取り上げたが、ほかにも特筆すべき武将はいる。例えば、織田家中の丹羽長秀は安土城、小牧山城など信長の城でたびたび築城奉行を務めている。

その子・長重は白河小峰城、孫の光重が二本松城という名城を築いており、築城に定評がある血筋だったようだ。

また「下克上」の代名詞として語られる梟雄・松永久秀も築城技術には定評があった。彼が築いた多聞山城には、天守の先駆けとなったとされる櫓があったと伝わる。

藤堂高虎

主君を7度変えた出世の鬼

抜群の処世術で戦国時代を渡り歩いた藤堂高虎は、１５５６（弘治２）年生まれの、近江出身の武将だ。

近江の浅井長政に仕えて武功をあげるも出奔、元浅井家臣の阿閉貞征《あつじさだゆき》に仕えたが、これもすぐに行方をくらましている。

次いで信長の家臣・磯野員昌《かずまさ》や津田信澄《のぶすみ》に仕えるものの長続きせず、ようやく秀吉の弟・秀長のもとで落ち着きを見せる。

彼に従って「賤ヶ岳の戦い」や「小牧長久手の戦い」で活躍して実績を積み重ねた。

一方で、家康の京都屋敷を自腹で普請して関係を結んだりもしている。

やがて秀長の家が断絶してしまうと、にわかに家康に接近し、様々な情報提供。

世渡り上手なだけではなく、高虎は城造りにも定評があった。江戸城、伊賀上野城、宇和島城など数多くの城に携わっている。

特筆すべきは、まったく新しい天守の形「層塔型天守」を生み出したことだろう。三重塔や五重塔をふくらませた形をしており、構造・工法が非常に単純だから、築城の際の効率が抜群に良かった。

また徳川家が豊臣家の大坂城を潰し、新たな城を建てる際には、築城の意味合いをくんで「石垣の高さを豊臣時代の2倍の高さにしましょう」と進言している。

主君を7回変えた末に、高虎は家康に伊勢・伊賀32万石を与えられた。

現在の宇和島城（愛媛県宇和島市）